창의적인 언어유희 홍보컨셉

네이밍·카피라이팅·스토리텔링

창의적인 언어유희 홍보컨셉

네이밍·카피라이팅·스토리텔링

인 쇄 | 2018년 7월 25일
발 행 | 2018년 7월 30일

저 자 | 김경수·남정자
발행인 | 정병석
발행처 | 전남대학교출판문화원

등록 | 1981. 5. 21. 제53호
주소 | 61186 광주광역시 북구 용봉로 77
전화 | (062) 530-0571~2 마케팅 530-0573
팩스 | (062) 530-0579
홈페이지 | http://www.cnup.co.kr
이메일 | cnup0571@hanmail.net

값 25,000원

ISBN 978-89-6849-519-9 (93700)

이 도서의 국립중앙도서관 출판예정도서목록(CIP)은
서지정보유통지원시스템 홈페이지(http://seoji.nl.go.kr)와
국가자료공동목록시스템(http://www.nl.go.kr/kolisnet)에서 이용하실 수 있습니다.
(CIP제어번호 : CIP2018023342)

창의적인 언어유희 홍보컨셉

네이밍·카피라이팅·스토리텔링

김경수 · 남정자

maronie

머리말

“왜 언어유희 컨셉인가?”

언어유희 컨셉을 말장난 광고의 수단 정도로 여기는 경향이 있다. 그러나 **언어유희 컨셉은 세상의 변화와 혁신의 한 가운데에 있다.** 그 증거들은 다음과 같다.

2014년 **팔도 비락식혜의** [의리] 컨셉은 [항아으리-신토부으리-마무으리..] 등의 언어유희 광고로 유튜브 조회수 300만 건을 넘기고 ‘의리 신드롬’을 일으키면서 당시 올드한 이미지의 비락식혜를 신토불이 건강음료라는 이미지로 바꾸며 〈팔도〉 브랜드의 이미지를 제고하였다.
그 외에 **버거킹의** [새우-세우다] 컨셉, **BBQ의** [닭-딱] 컨셉, **오리온 초코파이의** [정(情) 시리즈] 컨셉, **농심 신라면의** [매울 신(辛)] 컨셉, **허니버터칩의** [허니(Honey)] 컨셉, **베스트셀러 도서** [와이(Why), 후(Who)] 시리즈 컨셉 등의 사례가 다양하다.

또한 최근에는 한글초성이나 숫자, 신조어 등 문자의 단순화가 트랜드로 자리 잡았다. 대표적으로 **신세계 쇼핑몰은** [SSG-ㅅㅅㄱ-쓱] 컨셉으로 [쓱-선수군-세시간-상실감-술생각-싼거] 등의 언어유희 시리즈 광고를 통해 동종 업계 매출 1위와 ‘2017 서울영상광고제 대상’ 등의 각종 광고상을 수상했다. 이 광고 이후로 한글초성과 신조어를 이미지화한 언어유희 광고 사례가 증가하고 있다.

숫자를 활용한 언어유희의 혁신사례는 [1111-빼빼로데이] 컨셉이다. 이 혁신의 의미는 한 제품의 매출 기록을 넘어서, 20년 이상 [1111-빼빼로데이]라는 마케팅을 통해 전국의 제과점, 슈퍼마켓 등 골목상권까지 뿌리를 내리고, 현재는 국민 대다수가 인지하고 청소년들이 즐기는 문화혁신의 확장성에 있다.

언어유희 컨셉은 상업광고에만 머무르지 않는다. 캠페인을 목적으로 한 공익광고에서도 큰 비중을 차지하고 있다. 예컨대 **금연 캠페인의** [후두암 1mg 주세요] 컨셉, **에너지 절약의** [밟지 말고 밟으세요] 컨셉, **참교육의** [부모와 학부모] 컨셉, **안전의** [안심과 방심] 컨셉, **스마트폰 중독의** [스마트폰에 대한 눅념] 컨셉 등의 공익광고가 시청자들에게 강한 인상을 심어주었다. 이와 같이 공익광고는 미디어 분야에서 독자적인 장르로 성장하였고, 그 중심에 언어유희가 있다.

뿐만 아니라 언어유희 홍보 컨셉은 각종 선거에서 후보자의 이미지메이킹 수단으로 활용되고 있다. 대표적인 사례는 **2012년 12월 대통령 선거에서 후보자의 이름을 한글초성으로 바꾼 뒤 해학적인 이모티콘으로 이미지메이킹한 [ㅂㄱㅎ] 컨셉**이다. 당시 이 초성 컨셉은 정치의 변화를 갈망하는 유권자들에게 이미지 변화라는 맞춤형 홍보를 통해 정치의 변화에 대한 희망을 주는데 일조하였다.

또 2017년 대선에서는 **기존의 고착화된 '기호 1번'을 [1번가]라는 쇼핑몰 이름에 대입한 [문재인 1번가] 컨셉**으로 전 국민적 관심과 누리꾼들의 참여를 이끌었다. 그리고 새 정부 출범 이후에도 [광화문 1번가]로 [1번가] 컨셉을 이어갔다.

또한 2016년 **촛불시위의 구호인 "이게 나라냐?"를 활용한 [나라를 나라답게], [나라다운 나라]의 슬로건은 국민의 질문에 대한 답변을 하는 말장난 식의 언어유희로 2017년 대선에서 큰 반향을 불러일으켰다.**

글이 아닌 말에 의한 언어유희도 있다. 예컨대 정의당 노회찬 의원의 **"불판 갈 때가 왔다…"**라는 말로 시작하는 **[50년 여야정치-삼겹살 불판] 컨셉,** 노무현 전 대통령의 **"국민은 '한국호'라는 배에 타고 있다…"**라는 **[대통령과 국민-선장과 고객] 컨셉** 등의 언어유희로 서민들의 공감대와 지지를 얻었다. 언어유희가 '말의 힘'이 된 사례이다.

그밖에 **응원가 [대~한민국…], 동요 [아기상어], 구전가요 [원숭이 엉덩이는 빨개], 히트곡 [돌아와요 부산항에] 등을 개사한 로고송(logo song) 컨셉**은 소비자나 유권자의 마음을 사로잡기 위한 언어유희의 수단으로 활용되고 있다.

이를 종합해보면 언어유희 컨셉에는 상품의 판매를 촉진하고, 브랜드 이미지를 제고하고, 인상적인 캠페인을 주도하고, 선거 후보자의 이미지메이킹으로 민심에 영향을 주는 등의 다양한 잠재력이 있다. 다만 이 잠재력을 이끌어낼 수 있는 컨셉 설정과 민심을 반영하는 네이밍, 카피라이팅, 스토리텔링 능력이 관건이다.

세상이 변했다. 과거의 미디어는 방송사, 신문사들의 전유물이었지만, 오늘날 미디어는 스마트폰 하나로 음성 메모를 하고, SNS와 블로그, 유튜브에 글과 동영상을 올리고, 전 세계인들과 공유할 수 있는 1인 미디어 시대이다. 누구나, 언제 어디서나 소통하고, 취업, 창업, 리포트, 비즈니스 등 어떠한 일을 해도 홍보 PR을 피할 수 없는 세상이다. 언어유희 컨셉이 필요한 이유는 그 역할이 더욱 확대되면서 촘촘해지는 미디어 세상으로 향하고 있기 때문이다.

언어유희와 컨셉, 광고와 홍보, 네이밍 · 카피라이팅 · 스토리텔링은 무엇인가?

언어유희(言語遊戲, PUN)는 말장난, 또는 말이나 글을 소재로 하는 놀이, 말잇기 놀이, 말짓기 놀이, 또는 동음이의어나 각운 등을 이용하여 재미있게 꾸미는 말의 표현이라고도 한다. 즉, 말과 글로 유희를 즐기는 것이 언어유희다. 일상에서는 말이 우선이지만, 홍보에서는 글(문자)이 우선한다. 미디어 환경에서 홍보 글은 기획에 의한 시각성이 우선하기 때문이다.

과거의 언어유희 광고는 TV와 라디오 CM(Commercial Message)과 신문 등의 공식 매체가 중심이었지만, 1인 미디어시대에는 SNS나 유튜브 등의 개인 플랫폼을 활용하는 사례가 급증하고 있다. 〈표준국어대사전〉, 〈위키백과사전〉

컨셉(concept, 콘셉트, 概念)은 어떤 작품이나 제품, 공연, 행사 따위에서 드러내려고 하는 주된 생각이나 개념이다. 즉, 소비자들의 마음에 긍정적으로 오래 기억될 수 있는 구체적인 아이디어가 컨셉이다. 광고 용어에서 컨셉은 '생각하는 방향'의 의미로도 사용된다. 아이디어나 포지셔닝(positioning)과 비슷한 의미로 쓰이지만, 전문적으로는 아이디어의 상위 개념, 포지셔닝의 하위 개념으로 사용된다. 〈커뮤니케이션 광고 기획 방법, 커뮤니케이션북스〉, 〈영화사전〉

컨셉은 아이디어를 담은 키워드이다. 따라서 아이디어가 없는 컨셉은 '키워드(keyword)'가 아니라 '워드(word)'이다. **홍보 효과를 위해서는 키워드(핵심어)의 선택이 중요하다. 핵심어는 무궁무진하다. 고로 컨셉은 무궁무진하다.**

언어유희는 시대적인 휘발성이 강해서 금방 잊혀지거나 저평가되는 면이 있다. 그 이유는 홍보 자체보다 홍보 결과에 묻히는 경우가 많기 때문이다. 여기에는 진실하지 못한 제품, 또는 진실하지 못한 후보자를 좋은 컨셉으로 포장했을 때, 그 피해가 고스란히 소비자나 유권자에게 돌아간다는 교훈이 녹아있다. 홍보 결과는 좋지 않더라도 홍보 자체가 좋은 경우도 적지 않다는 의미이다. 따라서 **홍보의 대상과 홍보는 구분해서 평가해야 한다.**

홍보와 광고의 사전적 의미는 동일하다. **홍보(弘報, Public Relations)는** '널리 알림'이고, **광고(廣告, advertising)는** '세상에 널리 알림'이다. 다만 주체에 따라 그 의미가 달라진다. 광고는 전문가가 공식적으로 하는 것이지만, 홍보는 공식, 비공식을 포함하여 누구나 할 수 있기에 광고보다 홍보가 더 큰 개념이다. 그래서 홍보를 PR(Public Relations)이라고도 한다.

이 책의 제목이 '광고 컨셉'이 아니라 '홍보 컨셉'인 이유가 여기에 있나. 홍보는 누구나 할 수 있고, 또 '누구나 해야 할 일'이다. 전문가들의 공적인 광고의 우수사례를 분석해서 사적인 홍보에 창의적으로 활용하자는 것**이 필자의 제안이다.**

네이밍(Naming)이란 '이름 짓기', '명명', '이름을 붙이다' 등으로 규정한다. 주로 새로운 상품의 브랜드명, 또는 새로운 회사나 그룹 등의 명칭을 결정하는 것을 말한다. 전문적으로는 CI(기업의 통합적 이미지 전략, corporate identity)나 BI(브랜드의 통합적 이미지 전략, brand identity)를 집행하는 핵심 작업이고, 상품과 서비스에 대한 소비자들의 인식에 가치를 부여하는 과정이다. 이를 위해서 제품이나 패키지, 서비스 등 다양한 부분이 시장에서 차별되고, 소비자들의 욕구를 충족할 수 있는 아이디어가 핵심이다. 〈디자인기획과 전략, 커뮤니케이션북스〉, 〈패션전문자료사전, 패션전문자료편찬위원회〉

카피라이팅(Copywriting)이란 '카피(copy)와 라이팅(writing)'의 합성어로, 모사(模寫)·복사(複寫)·원고(原稿) 등을 뜻하는 말이다. 크게는 광고의 모든 글, 좁게는 단문(短文) 정도의 글을 뜻한다. 일반적으로는 광고 본문(body copy)을 말하고, 구체적으로는 캐치프레이즈(catch phrase)와 서브 타이틀(sub title), 슬로건(slogan; 브랜드 슬로건, 기업 슬로건, 캠페인 슬로건, 구호), 소제목 등을 가리키며, 일러스트레이션, 레이아웃, 로고타입(상표) 등의 시각적 표현을 포함해 광고물을 구성하는 모든 것을 카피라고 한다. 이를 만드는 과정을 카피라이팅이라고 한다. 〈두산백과〉, 〈광고카피라이팅, 커뮤니케이션북스〉

스토리텔링(Storytelling)이란 '스토리(story)와 텔링(telling)'의 합성어로서 '이야기하다'라는 뜻이다. 또는 상대방에게 알리고자 하는 바를 재미있는 이야기로 설득력 있게 전달하는 행위를 일컫는다. 인류가 등장한 이래 스토리텔링은 인간끼리의 의사소통에 있어 늘 중심적인 역할을 해왔고, 특히 광고와 영화·애니메이션·만화·게임 등의 문화콘텐츠의 원천 콘텐츠로 활용되고 있다. 전문가들은 성공적인 스토리텔링의 요인을 '기승전결'의 구체성에서 찾는다. 기(起, introduction)는 이야기를 시작하는 부분, 승(承, development)은 이야기를 발전시키는 과정, 전(轉, turn)은 전환이고 역전이다. 끝으로 결(結, conclusion)은 기승전의 단계를 거쳐 이야기의 갈등구조가 해소되는 결론이다. 〈문학비평용어사전, 국학자료원〉 〈텔레비전 프로그램 기법, 커뮤니케이션북스〉

기존의 광고 홍보 관련 책들은 대개 네이밍, 카피라이팅, 스토리텔링이 각각 구분되어 있다. 그러나 미디어 패러다임이 기관 중심의 아날로그 환경에서 개인 중심의 디지털 환경으로 이동함에 따라 콘텐츠 네임을 카피로 만들고, 카피에서 네임을 추출하고, 콘텐츠 스토리를 카피로 추출하는 등 융·복합적 트랜드 현상이 일상화가 되고 있다. 이것은 네이밍, 카피라이팅, 스토리텔링의 경계가 허물어지고 언어유희의 상상력과 창의성이 더욱 확대될 것이라는 증거이다.

어떻게 할 것인가? "보고 응용해야 한다!" & "비교 비교 비교해야 한다!"

누구나 홍보 PR을 목적으로 인상적인 타이틀이나 문구 등의 아이디가 필요할 때가 있다. 이때 최선의 아이디어 도출 방안은 체계적인 사례의 모음을 '보고 응용하는 것'이다. **'창조는 모방으로부터 나온다'**라는 말처럼 전문적인 광고 사례를 응용하면 일반적인 홍보에서 통할 가능성이 높다. 만약 굿 아이디어가 있다고 하더라도 이 보다 더 좋은 아이디어가 무엇인지 비교하는 것은 기획의 기본이다. 여기서 **'비교'와 '비교 비교'와 '비교 비교 비교'는 다르다. 많이 비교할수록, 많이 고민할수록 좋은 결과가 나올 가능성이 높아지게 된다.**

특히 비교 비교 비교는 시야가 넓어지는 것은 물론이고, 시간을 절약할 수 있다. 보지 않으면 생각나지 않거나 일부분만 생각하고, 전체를 보지 못하게 되어 우물 안의 개구리와 같은 결과물이 나옴에 따라 홍보효과가 기대에 미치지 못하거나 다시 시작해야 하기 때문이다.

"언어유희 컨셉의 5가지 특성을 고려하라!"

① 공감대(객관성)

홍보는 시작(start)이 매우 중요하다. 처음에 공감대가 없으면 처음부터 소비자의 외면을 받게 되어서 홍보의 목적 자체가 상실하기 때문이다. 따라서 출발점에서 주목 받을 수 있는 아이디어가 중요하다. 공감대는 주관성보다 객관성을 우선 시하고, 소비자의 관심을 유도할 수 있는 공감대를 찾아야 한다.

② 단순화(單純化)

홍보 컨셉은 단순할수록 강하다. 짧을수록 이해하기 쉽고, 기억이 오래가기 때문이다. 그러나 단순성만 강조하다보면 홍보 대상이 가벼워 보이거나 성의가 없어 보이는 등의 불신을 초래할 수 있다. 따라서 짧게 단순화할 때는 반드시 중의성 등의 스토리를 고려해야 한다.

③ 중의성(重義性)

중의성은 한 단어나 문장이 두 가지 이상의 뜻으로 해석되는 요소이다. 이 요소가 언어유희의 스토리텔링의 여건이 된다. 특히 중의성은 동음이의어(同音異義語)에서 강하게 나타난다. 기존의 권위적이거나 수사적인 광고 언어보다 가벼운 농담이나 일상의 유머를 대중들에게 자연스럽게 흡수토록 할 때 유용하게 활용할 수 있다.

④ **반복과 파생**

반복할수록 오래 기억한다. 그러나 반복될수록 식상할 가능성도 높아진다. 그래서 반복 컨셉에서는 변화가 중요하다. 그것은 파생이다. 파생은 새로울수록 재미를 느끼게 된다. 특히, 반전이 있는 파생, 꼬리에 꼬리를 무는 파생은 좋은 스토리텔링이 된다. 때로는 리듬감을 추가하여 즐거운 반복과 파생을 줄 수 있다.

⑤ **이미지화**

언어는 '말과 글'이다. 말은 청각, 글은 시각 중심이다. 청각에 시각을 더한 광고가 더 강한 기억을 남듯이 텍스트에 이미지를 추가되면 홍보의 시너지 효과가 나타난다. 여기에 이미지가 연속되면 이미지스토리텔링, 즉 동영상 콘텐츠가 된다.

이와 같이 홍보에서 언어유희 컨셉은 공감대를 시작으로 단순성, 중의성, 반복과 파생을 고려하고, 이미지화에 대한 상상력과 창의력이 필요하다. 이를 실현하는 방안은 네이밍(Naming), 카피라이팅(Copywriting), 스토리텔링(Storytelling)이다. **이 3가지를 한 권의 책으로 묶은 이유는 네이밍을 통해서 카피라이팅과 스트리텔링의 큰 틀을 잡을 수 있고, 카피라이팅을 통해서 네이밍을 추출하고 스토리텔링을 발전시키며, 스토리텔링에서 창의적인 카피라이팅과 네이밍을 찾을 수 있기 때문이다.** 독자 여러분이 이 도전을 바탕으로 다가오는 1인 미디어 시대에 대비하길 바란다.

이 책의 아이디어는 빙산의 일각이다. 그러나 **개인 용도에 맞는 아이디어를 이 책의 여백에 꾸준히 메모한다면 아이디어의 산이 될 것이다. 기회의 순간에 언제든지 바로 꺼내어 사용할 수 있는 '아이디어 저장소', 든든한 친구 같은 '창의 발전소'가 되길 바란다.**

Thans.

이 책을 시작할 수 있도록 길을 열어주시고 부록까지 도움을 주신 문화전문대학원 미디어예술공학전공의 1호 제자 남정자 선생님께 깊은 감사의 뜻을 전합니다. 그리고 예리하고도 관대하게 원고를 살펴준 전남대학교출판문화원 선생님들에게도 고마운 인사를 드립니다. 마지막으로 저와 DDL을 한결같이 지켜준 제자 김기범 선생과 DDL을 후원해주신 와이마트의 김성진 회장님께 깊은 감사의 마음을 전합니다.

2018년 7월 김경수

이 책을
보는 방법

창의적인 역발상(逆發想) "거꾸로 보기"

이 책은 01 네이밍(Naming), 02 카피라이팅(Copywriting), 03 스토리텔링(Storytelling) 3단계(가지)로 구분되어 있다.

이 책을 보는 방법은 크게 두 가지이다. 먼저 이 책의 순서대로 **'컨셉(네이밍)'을 잡은 후에 '단문 광고(카피라이팅)'나 '장문 광고(스토리텔링)'를 작성하는 일반적인 홍보 기획이다.** 그러나 이 3가지 중에 한 가지만 필요하고 나머지는 필요 없는 경우, 실재 홍보가 목적이 아니라 학습용, 수업용일 경우도 있을 것이다. 이러한 경우에는 **'거꾸로 보기'를 추천한다. 이것은 책을 보는 순서를 뒤집어서 03 스토리텔링 → 02 카피라이팅 → 01 네이밍 순으로 보거나 03 → 02, 또는 03 → 01로 생략해서 보는 방법이다.**

거꾸로 보기는 모두 스토리텔링이 시작점이다. 그 장점은 다음과 같다.

첫째, 긴 아이디어가 담긴 **스토리텔링에서 중간의 카피라이팅이나 짧은 네이밍을 추출할 수 있다는 점,**

둘째, 지면만 보는 게 아니라 **몰입감이 있는 TV CM(동영상) 시청을 통해 동기부여를 할 수 있다는 점,** 특히, 스마트폰의 유튜브를 통해 이 책 안의 〈출처〉를 검색하면 언제 어디서든 바로 시청할 수 있다.

셋째, **CM의 15초 ~ 1분 내외의 짧은 재생시간으로 스토리텔링의 군더더기가 적다는 점,** 즉 언어유희 컨셉의 핵심을 빠르게 파악하고 실무에 적용할 수 있다.

넷째, **CM 스토리텔링 사례에서 텍스트(말) 분석에 이미지(글) 분석이 추가됨**으로써 언어유희 홍보 전반에 대한 안목을 키울 수 있다.

다섯째, **CM의 다양성을 통해 상상력과 창의력을 키울 수 있다. CM은 한 장르에 얽매이지 않고 다양한 장르(영화·드라마, 애니메이션, 뮤직비디오, 미디어아트, 다큐멘터리, 인터뷰 영상, 그리고 혼합 영상 등)를 담을 수 있는 큰 그릇이다.** 따라서 CM의 다양성을 통해 각각의 네이밍, 카피라이팅, 스토리텔링을 상상하고 추출 및 응용, 융합이 가능하다.

이 책의 특징은 페이지 곳곳에 있는 메모의 공간과 여백이다. 독자 여러분이 **이 여백에 볼펜이 아닌 '연필과 지우개'로 아이디어 컨셉과 사례, 그리고 창의적인 창작을 메모한다면 '순간의 책'이 아니라 '평생의 아이디어 북'이 될 것이다.**

※ 참고로 이 책에서 구체적 설명이 있는 우수사례 컨셉은 【 】, 일반 컨셉 또는 핵심어(키워드)는 [ ], 중요 워드는 ' ', 출처는 〈 〉, 단어 교체가 가능한 글은 ______, 중요하거나 필요하다고 판단된 글자는 빨강색과 볼드체로 표기하였음을 밝힌다.

03 스토리텔링은 좌측 상단에 큰 숫자 03으로 표기하였다. 이 페이지에는 기존의 TV CM(CF)을 중심으로 신문 광고와 3줄 이상의 장문 등의 언어유희 컨셉 사례를 담았다. 이를 통해 광고 이외에도 개인 리포트, 포트폴리오 등의 홍보 PR에 창의적으로 활용할 수 있다.

03

스토리텔링

漢한동음

① 우측의 〈출처〉 CM을 시청 후, [한자-한글 동음] 컨셉 사례 응용 및 상상을 통한 스토리텔링

② 02 카피라이팅 사례 또는 01 네이밍 사례 확장을 통한 스토리텔링

③ TV CF 사이트 검색을 통한 스토리 컨셉 찾기와 메모하기

愛-애(에) 컨셉

내 아내는 행복을 주는 여자입니다

내 안愛는 행복을 주는 집입니다

다시 태어나도 내 안愛입니다

양우 내안愛

〈양우건설 내안애 고림2차〉

毛-모(뭐) 컨셉

하이모(毛), 안되는 게 毛니?

스타일도 독보적이다

하이毛

〈하이모 안되는게모니 편〉

豚-돈 컨셉

사랑이 돈으로 되니?

사랑은 한돈 하는거야

돈 보다 돈(豚)이 먼저다!

돈(豚) 잡고 돈 잡아라!

Don't worry~ 돈 해피!

우리돈(豚)

한돈

〈한돈〉

03 스토리텔링 페이지 예시

03 스토리텔링은 두 가지 형태의 페이지로 구분하였다. 첫 번째 페이지는 위의 텍스트(글) 중심의 스토리텔링 사례이다. 맨 먼저 유튜브 〈출처〉 검색을 통해 CM 동영상을 확인한 다음, 스토리텔링을 고민하면 보다 폭넓은 응용이 가능할 것이다. 또한 이 사례와 유사한 CM이나 장르별 검색 등을 통해 다양한 스토리를 융합할 수 있다.

두 번째 페이지는 기존의 언어유희 광고 중 스토리텔링의 우수사례를 대상으로 텍스트와 이미지의 컨셉을 각각 분석하고 이를 기승전결의 관점에서 정리한 이미지스토리텔링 사례이다. 한 페이지의 요약정리를 통해 전체 스토리의 흐름을 한 눈에 파악할 수 있다.

03 이미지스토리텔링 분석 페이지 예시

위의 분석은 텍스트 중심의 관점과 이미지 중심의 관점, 그리고 이 둘의 조화를 살피면서 작품 전체의 흐름을 이해하고 제작자의 의도를 파악하는 스토리텔링 분석법이다. 또 언어유희 컨셉 추출과 배치의 순서 파악을 통해 세부 스토리텔링의 방향을 이해할 수 있다. 그밖에 다양한 장르의 우수사례들을 찾아서 위와 같은 기승전결의 이미지스토리텔링 분석을 추천한다.

02 카피라이팅은 좌측 상단에 큰 숫자 02로 표기하였다. 이 페이지에는 언어유희 홍보 컨셉과 기존의 유명 카피와 응용 사례들을 담았다. 카피와 관련된 글은 슬로건, 캐치프레이즈, 타이틀, 포스팅, 꼭지, 한줄 단문 등으로 카피라이팅의 용어와 쓰임새가 가장 많을 것이다.

02

카피라이팅

漢한동음

① 우측의 [한자-한글 동음] 컨셉 사례 응용 및 상상을 통한 카피라이팅

② 01 네이밍 사례 확장을 통한 카피라이팅

③ 각종 광고 사이트 등의 검색을 통한 카피 컨셉 찾기와 메모하기

女-여 컨셉

용기내女 기운내女 미투해女

夜-야 컨셉

한 여름밤의 夜~호 야(夜)~ 좋다

善-선 컨셉

우리가 지켜야 할 선으로 善을 만들다 〈지킬선 캠페인〉

鐵-철 컨셉

철(Fe)없던 네가 철들었구나 〈대웅제약〉

費-비 컨셉

비가 내린다 통화비(費)가 내린다 〈SK텔레콤〉

毛-모 컨셉

무모(毛)한 분들, 유모(毛)있게 삽시다 〈스펠라 707 가발〉

02 카피라이팅 페이지

카피라이팅은 어느 곳에 어떻게 사용하느냐에 따라 카피가 될 수 있고, 네임이나 스토리가 될 수도 있다. 여기에서 카피라이팅 작성은 세 가지 방법을 제안하였다. 첫째 기존의 카피들을 응용하여 카피라이팅하는 방법, 둘째 스토리텔링 사례에서 카피를 추출하는 방법, 셋째 네이밍 사례에서 카피를 확장하는 방법 등이다.

01 네이밍은 좌측 상단에 01로 표기하였다. 이 페이지에는 언어유희 홍보 컨셉에 관련된 기존의 브랜드 네임과 각종 타이틀 네임, 그리고 필자의 상상 네이밍 사례를 담았다. 이를 응용하여 각종 상호 작명이나 포트폴리오 제목, 축제 · 이벤트 등의 네임을 창작할 수 있다.

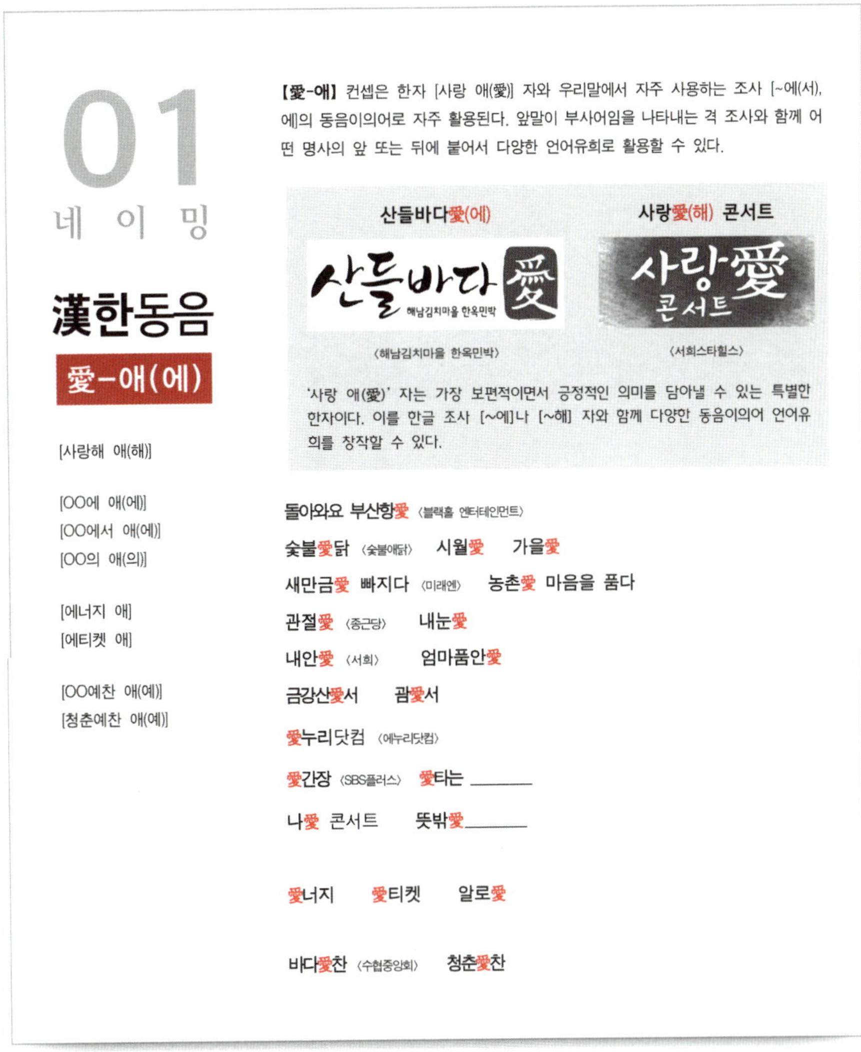

01
네 이 밍

漢한동음

愛-애(에)

[사랑해 애(해)]

[OO에 애(에)]
[OO에서 애(에)]
[OO의 애(의)]

[에너지 애]
[에티켓 애]

[OO예찬 애(예)]
[청춘예찬 애(예)]

【愛-애】 컨셉은 한자 [사랑 애(愛)] 자와 우리말에서 자주 사용하는 조사 [~에(서), 에]의 동음이의어로 자주 활용된다. 앞말이 부사어임을 나타내는 격 조사와 함께 어떤 명사의 앞 또는 뒤에 붙어서 다양한 언어유희로 활용할 수 있다.

산들바다愛(에) 사랑愛(해) 콘서트

〈해남김치마을 한옥민박〉 〈서희스타힐스〉

'사랑 애(愛)' 자는 가장 보편적이면서 긍정적인 의미를 담아낼 수 있는 특별한 한자이다. 이를 한글 조사 [~에]나 [~해] 자와 함께 다양한 동음이의어 언어유희를 창작할 수 있다.

돌아와요 부산항愛 〈블랙홀 엔터테인먼트〉

숯불愛닭 〈숯불애닭〉 시월愛 가을愛

새만금愛 빠지다 〈미래엔〉 농촌愛 마음을 품다

관절愛 〈종근당〉 내눈愛

내안愛 〈서희〉 엄마품안愛

금강산愛서 괌愛서

愛누리닷컴 〈애누리닷컴〉

愛간장 〈SBS플러스〉 愛타는 ______

나愛 콘서트 뜻밖愛______

愛너지 愛티켓 알로愛

바다愛찬 〈수협중앙회〉 청춘愛찬

01 네이밍 페이지

좌측 상단의 01 네이밍 아래에는 컨셉의 대분류와 소분류를 배치하고, 그 아래에는 컨셉의 핵심어(키워드)들을 나열하였다. 그 우측에는 이 컨셉에 대한 기본 설명과 대표 사례들을 소개하였다. 박스 아래에는 위의 컨셉과 연관된 네이밍의 응용 사례들을 제시하였다.

그밖에 이 책의 사이사이에는 홍보 컨셉의 재료가 될 만한 [사례모음]을 넣었고, 책 마무리에는 [한 줄 카피 우수 사례 모음]을 부록으로 첨부하였다.

목차

창의적인 언어유희 홍보컨셉 목차

Part 1. 동음이의어 언어유희

Part 4. 문자의 단순화와 이미지화 언어유희

PART 1

동음이의어 언어유희

동음이의어同音異義語는 소리는 같지만 뜻이 다른 단어다. 즉, 두 개 이상의 낱말이 우연히 소리만 같을 뿐 전혀 다른 뜻으로 사용되는 경우의 낱말들을 말한다. 따라서 동음이의어에는 중의성重義性이라는 특성이 있다. 이것을 창의적으로 활용한 것이 동음이의어 언어유희이다.

바야흐로 언어유희 전성시대다.
이중 절반 이상이 동음이의어 언어유희이다.
동음이의어는 언어를 즐기는 유머humor 컨셉이 다수여서
'말장난'이라고도 한다. 이 컨셉에는 중의성重義性이 담겨있다.
기존의 권위적이거나 수사적인 언어보다
가벼운 농담 등의 일상 언어를 사용함으로서
대중들에게 자연스럽게 흡수토록 하는 홍보 컨셉이다.
예컨대 햄버거 회사 버커킹은 [새우-세우라고-세우라니까], [세우의 자존심을
세우다]라는 동음 컨셉의 광고를 통해 유튜브 조회수 200만 회를 돌파하고,
평범한 '새우 버거'를 히트상품으로 만들었다. 또, BBQ는 [닭-딱-팕]이라는 동음 컨셉의
광고로 소비자의 이목을 집중시키고 브랜드 이미지를 제고하였다.
이와 같이 동음이의어 언어유희는 제품 판매 촉진과
브랜드 이미지를 제고할 수 있는 잠재력이 있다.
이러한 사례와 가능성은 무궁무진하다.
그 이유는 동음이의어에는 동음 컨셉과 유사음 컨셉,
그리고 한자, 영어 컨셉의 다양성과 시대성을 담고 있기 때문이다.

1장

"영어 컨셉이 트렌드를 주도한다!"

영어 동음이의어 언어유희

A 영한(영어-한글) 동음 컨셉

B 한영(한글-영어) 동음 컨셉

C 영영(영어-영어) 동음 컨셉

A

영한(영어-한글) 동음 컨셉

영어-한글 동음 컨셉은 현재 네이밍에서 활발하게 사용되는 언어유희 중 하나이다. 그 이유는 영어가 세계인의 공통언어라는 점, 알파벳 수가 총 26자로 단순하다는 점, 심플한 알파벳이 시각화가 용이하다는 장점이 있기 때문이다. 예컨대 [e-이] 컨셉은 [e마트], [e편한세상], [e젠], [e교육], [알림e] 등과 같은 다양한 사례들을 네이밍, 카피라이팅, 스토리텔링에 창의적으로 활용할 수 있다.

사례

01. **【e-이】** | G-지 | C-씨 | T-티 | P-피 | R-알 | S-에스 | I-아이 |

02. e-이 | G-지 | S-에스(Yes) |

03. e-이 | G-지 |

01

네 이 밍

영한동음

e-이

[지시대명사(이것) 이]

[experience e]

[electronic e]

[education e]

[earth e]

[eve e]

[이빨 이]

[성 李]

[숫자 2]

【e-이】 컨셉은 알파벳 [e]와 우리말 [(이것) 이]의 동음이의어로 자주 활용된다. 알파벳 [e]는 [electronic e], [education e], [earth e] 등의 의미를 담고 있으며, 우리말 [이빨 이], [성 이(李)], [숫자 2] 등과 함께 동음 컨셉으로 활용할 수 있다.

e마트

[e]는 친근하고 대담하고 여성적이며 혁신적인 의미를 담고 있다.

〈e마트 홈피〉

e편한 세상

[e]는 고객이 누리실 편한 세상의 경험(experience)을 의미한다.

〈대림 홈피〉

e젠

e사람

지식채널 e 〈EBS〉

메e데이 알림e

월e 〈디즈니〉

e브자리 〈이브자리〉

e 치과 〈이치과〉

튼튼e

e 형제 e 서방

인생 e모작

01

동음컨셉

영한동음

① 우측의 [영어-한글 동음] 컨셉 사례 응용 및 상상을 통한 네이밍

② 인터넷 서점, 광고 검색을 통한 새로운 네이밍 컨셉 찾기와 메모하기

G-지 컨셉

G9(지구) 〈지구해외직구〉

주거G(知)

묵은G닷컴

난 기다렸G 〈LG G프로〉

C-씨 컨셉

김C 쑈 〈가수 김C〉

문순C 텔레그램 〈최문순 강원도지사〉

백도C 〈하얀 건물 백도와 온도 100도〉

C앗! 캠페인

살구C 오일

T-티 컨셉

T나게 달라진 티빙 〈티빙〉

T월드 T맴버십 〈SK텔레콘〉

밀크T 뽀빠이T

01 네이밍

영한동음

① 우측의 [영어-한글 동음] 컨셉 사례 응용 및 상상을 통한 네이밍

② 다양한 사이트 검색을 통한 새로운 네이밍 컨셉 찾기와 메모하기

P-피 컨셉

P씨네 〈피씨네 PC방〉

피-避-P project 〈비빙〉

아시다시P　P장파장

R-알 컨셉

알집 〈알집〉　알지오(RGO) 〈백화〉

R까기　R만한 ________

P나게 R리기　R아서 P하기

S-에스 컨셉

S-oil 〈에스오일〉　S-24

S-뷰티　yeS 라인

i-아이 컨셉

i-랑 〈아이랑〉　i 방 〈아이방〉

i-밥 〈아이밥〉　i 소아과 〈아이소아과〉

i 지킴이　I(아이) 좋아

02
카피라이팅

영한동음

① 우측의 [영어-한글 동음] 컨셉 사례 응용 및 상상을 통한 카피라이팅

② 01 네이밍 사례 확장을 통한 카피라이팅

③ 각종 광고 사이트 등의 검색을 통한 카피 컨셉 찾기와 메모하기

e-이 컨셉

e 나라에 도움 되는 e나라도움

〈e나라도움 슬로건 공모전 수상작〉

E로 보이십니까? E으로 보이십니까?
우리말을 사랑합시다 〈공익광고협의회〉

G-지 컨셉

디G털도 G마켓이 G배한다 〈G마켓〉

더 또렷한 G 더 뛰어난G 더 놀라운G 〈LG G프로〉

S-에스(Yes) 컨셉

커피 좋아해요? 예스(Yes) 맥심 모카골드S 〈맥심 모카골드S〉

예술의 고장, 예술마을의 藝(Ye)'s 파크

03 스토리텔링

영한동음

① 우측의 〈출처〉 CM을 시청 후, [영어-한글 동음] 컨셉 사례 응용 및 상상을 통한 스토리텔링

② 02 카피라이팅 사례 또는 01 네이밍 사례 확장을 통한 스토리텔링

③ TV CF 사이트 등의 검색을 통한 스토리 컨셉 찾기와 메모하기

e-이 **컨셉**

e~ 후~

e~~ 후~~

e~ 후~

프라그를 없애주는 자일리톨이

들어있어 e **상쾌함이 오래오래**

안티프라그 **e-후레쉬**

〈부광약품 e-후레쉬 치약〉

03 동음컨셉

영한동음

① 우측의 〈출처〉 CM을 시청 후, [영어-한글 동음] 컨셉 사례 응용 및 상상을 통한 스토리텔링

② 02 카피라이팅 사례 또는 01 네이밍 사례 확장을 통한 스토리텔링

③ 유튜브와 광고 사이트 검색을 통한 스토리 컨셉 찾기와 메모하기

G-지 **컨셉**

넌 모르G 처음이G

이 얼마나 더 놀라운G

더 환상인G

더 뛰어난G

더 또렷한G

더 즐거운G

더 함께한G

더 행복한G

세상을 다 가진G

세상을 다 얻은G

무엇보다 더 놀라운G

G 이상의 G

옵티머스 G프로

〈LG 옵티머스 G프로〉

난 기다렸G 프로

빛나G 이대로

멋지G 그대로

난 매력있G 프로

난 앞으로 G프로

LG G프로

〈LG 옵티머스 G프로〉

B

한영(한글-영어) 동음 컨셉

한글-영어 동음 컨셉은 미디어 광고에서 큰 비중을 차지하는 언어유희이다. 중심은 우리말 한글이다. 홍보를 목적으로 하는 언어는 결국 우리말 중심이기 때문이다. 예컨대 [고-GO] 컨셉은 [다양하Go, 비교하Go, 혜택받Go]로, [더-The] 컨셉은 [The 순한, The 고소한, The 맛있는] 등으로, [드림-Dream] 컨셉은 [두드림, 더드림, 다드림] 등으로 끝없이 펼쳐나갈 수 있다.

사례

01. **【~고-Go】** | 더-The | 드림-Dream | 데이-Day | 펀(뻔)-Fun | 톡(똑)-Talk | 송(쏭)-Song | ~짐-Gym | ~엔-and(N) | 잡~-Job | ~이지-Easy | 비어-Beer | 쎄오-CEO |

02. ~고-Go | 굿-Good | 갓-God | 잡-Job | 업-Up| ~직-gic | 톡(똑)-Talk | ~쇼(쑈)-Show | 드림-Dream | 그린-Green | ~이지-Easy | 아이러니-irony |

03. ~고-Go | 더-The | ~직-~gic | ~잉-~ing |

01 네이밍

한영동음

고-Go

[~(하)고
~(되)고 - Go]

[높을 高]

[고할 告]

【고-Go】 컨셉은 우리말 연결어미인 [~(하)고], [~(되)고]와 영단어 [~고-Go]의 동음이의어로 TV CM에서 가장 많이 사용되는 언어유희 중 하나다. 그밖에 한자 [높을 고(高)], [고할 고(告)] 등과 함께 활용할 수 있다.

비비Go	GO집
[비비go]는 한식 고유의 전통에 현대인이 추구하는 가치를 더한 글로벌 한식 대표 브랜드이다. 〈CJ 홈피〉	[GO집]은 저렴하고 안전한 내 집 마련의 기회가 주어져야 한다는 고집스러운 생각에서 탄생하였다. 〈서희스타힐스〉

신문Go

가자Go 〈레저큐〉

닥치Go 닭치Go

다듬Go 보듬Go 최Go

갖go노는 모바일앱! tvN go

Go발 뉴스 〈이상호 고발뉴스〉

고(Go)백(Back) 〈마루&마야〉

Go 독한 사제들 〈E채널〉

오늘도 Go 高 〈웹드라마〉 高GO클럽

고·Go·告함

01 동음컨셉

한영동음

① 우측의 [한글-영어 동음] 컨셉 사례 응용 및 상상을 통한 네이밍

② 02 카피라이팅과 03 스토리텔링 사례의 추출을 통한 네이밍

③ 각종 광고 사이트 검색을 통한 새로운 네이밍 컨셉 찾기와 메모하기

더-The 컨셉

The 세일　The 드림 ______

The 순한 참 〈금복주〉　The 맑은 눈안과

The 고소한 김 〈해표〉　The 행복한 집

The 찬 〈반찬가게〉　The # (샵) 〈포스코〉

The존 ______　더줌______

드림-Dream 컨셉

두드림 한방병원 〈두드림 한방병원〉

일자리 Do Dream

건강드림내과　자연드림 〈아이쿱 자연드림〉

살 빼Dream　드림 페스티벌

두배드림　다드림　더드림

데이-Day 컨셉

좋은 날엔 좋은 데이 〈무학〉

마음에 그린데이

해피 BUS데이 〈인천광역시〉　해피 BATH데이

한돈(豚)데이　남자데이　삼겹살 굽Day

보고싶데이　사랑한데이　또 왔데이

01 네이밍

한영동음

① 우측의 [한글-영어 동음] 컨셉 사례 응용 및 상상을 통한 네이밍

② 02 카피라이팅과 03 스토리텔링 사례의 추출을 통한 네이밍

③ 다양한 사이트 검색을 통한 새로운 네이밍 컨셉 찾기와 메모하기

펀(뻔)-Fun 컨셉

Fun한 세상 〈편한 세상〉

Fun한 걸

뻔뻔(Fun Fun)남

펀펀(Fun Fun) 스쿨 〈펀펀스쿨〉

Fun Pun 폴리 〈광주광역시〉

Fun Pun한 영어사전

톡(똑)-Talk 컨셉

까Talk 〈국가미래연구원〉

톡톡 Talk 〈한국일보〉

Talk Talk 페스티벌 〈원스토어〉

톡톡 튀는 아내의 비밀톡(talk) 〈프로방스〉

리브똑똑(Live Talk Talk) 〈구글플레이앱〉

송(쏭)-Song 컨셉

알Song달Song ________

어린이 Song알Song알 가요대회

01 동음컨셉

한영동음

① 우측의 [한글-영어 동음] 컨셉 사례 응용 및 상상을 통한 네이밍

② 02 카피라이팅과 03 스토리텔링 사례의 추출을 통한 네이밍

③ 인터넷 서점 등 검색을 통한 새로운 네이밍 컨셉 찾기와 메모하기

~짐-Gym 컨셉

살빠GYM 〈살빠짐 헬스클럽〉

~엔-and(N) 컨셉

그날엔(N) 〈경동제약〉

주말엔(and)

잡~-Job 컨셉

잡JOB 다多

Jop다한 Jop학사전

01
네 이 밍

한영동음

① 우측의 [한글-영어 동음] 컨셉 사례 응용 및 상상을 통한 네이밍

② 02 카피라이팅과 03 스토리텔링 사례의 추출을 통한 네이밍

③ 각종 광고 사이트 검색을 통한 새로운 네이밍 컨셉 찾기와 메모하기

~이지-Easy 컨셉

당근Easy뱅킹 〈우리은행〉

비어-Beer 컨셉

거꾸로비어(beer)

쎄오-CEO 컨셉

컨디션 쎄오 〈컨디션 CEO〉

~피자-Pizzaa 컨셉

생각하는 P!zzaa (생각을 피자) 〈재능교육〉

02 카피라이팅

한영동음

① 우측의 [한글-영어 동음] 컨셉 사례 응용 및 상상을 통한 카피라이팅

② 03 스토리텔링 사례 추출 또는 01 네이밍 사례 확장을 통한 카피라이팅

③ 유튜브와 광고 사이트 등의 검색을 통한 카피 컨셉 찾기와 메모하기

~고-Go 컨셉

기차타go 행운 잡go 여행 가자Go

저축하go 부자되go 내 인생의 봄은 오go 〈현대증권〉

매일 다르go 종류가 많go 자주가go 싶은 최go______

굿-Good 컨셉

다시 보고 다시 듣는 굿! 굿공연! 〈경기문화재단〉

신명나는 굿 한 판, 씻김 굿 살풀이굿! 축제 굿!

갓-God 컨셉

오마이갓! 갓짬뽕!

갓정환, 예능감도 갓! 〈TV 리포트〉

GOOD or GOD? 오~마이 갓김치

02 카피라이팅

한영동음

① 우측의 [한글-영어 동음] 컨셉 사례 응용 및 상상을 통한 카피라이팅

② 03 스토리텔링 사례 추출 또는 01 네이밍 사례 확장을 통한 카피라이팅

③ 각종 광고 사이트 등의 검색을 통한 카피 컨셉 찾기와 메모하기

잡-Job 컨셉

JOP을 JOP아라! 〈잡코리아〉

희망 잡(Jop)고! 취업 잡(Jop)고!

업-Up 컨셉

힙UP하고 볼륨UP하자!

창Up해서 취UP하고 점프Up하자!

기(氣) 업(UP)으로 소통한다

~직-gic 컨셉

믿음직 바람직 놀람직 그래서 매직 〈SK 매직〉

02

동음컨셉

한영동음

① 우측의 [한글-영어 동음] 컨셉 사례 응용 및 상상을 통한 카피라이팅

② 03 스토리텔링 사례 추출 또는 01 네이밍 사례 확장을 통한 카피라이팅

③ 각종 광고 사이트 등의 검색을 통한 카피 컨셉 찾기와 메모하기

톡(똑)-Talk 컨셉

톡 까놓고 직업 톡(Talk) 하자!

톡(Talk) 하다가 톡 떨어집니다 〈스마트폰 계단 사용주의〉

논술톡 논리가 술술 톡톡 〈EBS〉

톡톡한 여자! 톡톡해지세요! 〈정철 카피책〉

~쇼(쑈)-Show 컨셉

풍문 들었SHOW 한끼줍SHOW 한푼줍SHOW 어서옵SHOW

리얼버라이어티쇼! 어럽쇼! 〈QTV〉

소통(疏通)과 쑈(Show)통

02 카피라이팅

한영동음

① 우측의 [한글-영어 동음] 컨셉 사례 응용 및 상상을 통한 카피라이팅

② 03 스토리텔링 사례 추출 또는 01 네이밍 사례 확장을 통한 카피라이팅

③ 각종 광고 사이트 등의 검색을 통한 카피 컨셉 찾기와 메모하기

드림-Dream 컨셉

드림프로젝트, 두드림 다드림 더드림

신한은행의 드림 이벤트, 세배 드림(Dream) 적금 〈신한은행〉

꿈을 드립니다 드림라이프 드림

그린-Green 컨셉

꿈에그린 아파트, 그린 그림 그리기 대회

내가 그린 가그린, 컨센트레이트액 그린, 천연 가그린 〈동아제약〉

올해는 '그린 그린' 하세요

~이지-Easy 컨셉

이렇게 쉬워야 디지털이지! Digital, Easy! 〈KB국민카드〉

더 빠르고 더 편한 출금을 원한다면 당근Easy뱅킹 〈우리은행〉

아이러니-irony 컨셉

아이러니? 아! 이러니 〈키움증권〉

03 스토리텔링

한영동음

① 우측의 〈출처〉 CM을 시청 후, [한글-영어 동음] 컨셉 사례 응용 및 상상을 통한 스토리텔링

② 02 카피라이팅 사례 또는 01 네이밍 사례 확장을 통한 스토리텔링

③ TV CF 사이트 등 검색을 통한 스토리 컨셉 찾기와 메모하기

~고-Go 컨셉

하늘과 맞닿go
바람을 이겨내go
태양과 맞서go
물살을 가르go
산을 즐기go
그린과 하나되go
go with me

도전하go 굿 good
즐기go 굿 good
열광하go 굿 good
사랑하go 굿 good
앞서go 굿 good
go with me

〈아름연화장품〉

신분증 찍GO
비대면 계좌 만들GO
5년간 무료 수수료 누리GO
자산 찌우GO
언제 어디서나 신분증 찍GO
비대면 계좌 만들GO
무료 수수료에
신용이자 면제 누리GO

〈현대증권 비대한 삼형제〉

성능? 끝내주GO
그래픽? 화려하GO
무게? 가뿐하GO
롯데하이마트
다양하GO
비교하GO
혜택받GO
하이마트로 가요

〈하이마트 PC대전〉

03 카피라이팅

한영동음

① 우측의 〈출처〉 CM을 시청 후, [한글-영어 동음] 컨셉 사례 응용 및 상상을 통한 스토리텔링

② 02 카피라이팅 사례 또는 01 네이밍 사례 확장을 통한 스토리텔링

③ 유튜브와 광고 사이트 검색을 통한 스토리 컨셉 찾기와 메모하기

더-The 컨셉

얼음 없이 하루도 못사는 그들을 위해

현대자동차는 무엇을 하고 있을까요?

더 **스마트하게**

더 **쉽게**

더 **깨끗하게**

블루 드라이브는 이미 시작되었습니다

The Blue - Will 하이브리드차

The Blue - on 고속 전기차

The Blue - Will 수소연료전지차

아하! 친환경미래기술 프로젝트 The **블루드라이브**

〈현대자동차 The 블루드라이브〉

더 더 더더

더더더더더

더 더 더더

더더더

지난 한 해

더 **열심히**

더 **바쁘게**

더 **뜨겁게** 사셨죠?

더 **받는 프로젝트**

롯데카드 The**드림**

〈롯데카드 The드림〉

03 동음컨셉

한영동음

① 우측의 〈출처〉 CM을 시청 후, [한글-영어 동음] 컨셉 사례 응용 및 상상을 통한 스토리텔링

② 02 카피라이팅 사례 또는 01 네이밍 사례 확장을 통한 스토리텔링

③ 유튜브와 광고 사이트 검색을 통한 스토리 컨셉 찾기와 메모하기

~직-~gic 컨셉

믿음직

바람직

놀람직

그래서 매직

매일매일 **만나봄직**

SK가 만드는 **생활의** 매직

SK 매직

〈SK 매직 런칭 편〉

~잉-~ing 컨셉

초딩

중딩

고딩

코딩? 코딩은 ________

〈온오프믹스 코딩 편〉

C

영영(영어-영어) 동음 컨셉

영어-영어 동음 컨셉은 우리가 평소 자주 사용하거나 익숙한 영(단)어 중에서 동·유사음을 연결한 언어유희이다. 이것은 우리말 안에 이미 수많은 영어가 들어와 있고 앞으로 더욱 확장될 것이며, 이를 동음 컨셉으로 활용하는 기획이다. 예컨대 [임파서블-파서블], [팩트-임펙트] 사례는 광고에서 자주 활용하는 컨셉 중 하나이다. 하지만 하나의 컨셉을 다르게 응용하면 또 다른 언어유희들을 창작할 수 있다.

사례

01. **【impossible-I'm possible】** | Fact-impact | ThinQ-Thank you | nowhere-now here | On-One-Won | and(&)-end-N(앤) | Korea-Korean | Trump-Triumph | Clean-Clear | Nature-Nurture |

02. Fact-impact | Chance-Choice | Wealth-Health | Impossible-I'm possible | Get in-Get win | Your beauty-Our duty || Be Be____ | OK! __K! | A+ A____ | Let's Go ____ | Do Dream ______ || a change-a change | First-First | Com~-Con~ | ~er-~er |

03.. Fact(팩트)-impact(임펙트) | X(엑스)-Ex |

01
네 이 밍

영영동음

Impossible - I'm possible!

[Impossible(임파서블) - I'm possible(아임파서블)]

【Impossible-I' m possible】 컨셉은 우리에게 낯설지 않은 언어유희이다. 이를 창의적으로 활용하면 또 다른 언어유희를 창작할 수 있다. 아래는 한 개의 컨셉을 새로운 언어유희로 창작한 [영어-영어] 컨셉의 사례이다.

Impossible? I'm possible!

〈연세대학교 교수초빙 신문광고〉

【Impossible? I'm possible!】은 흔한 컨셉이다. 하지만 위의 광고처럼 **불가능에 '가능의 점'을 찍어주실...**이라는 창의적인 발상을 통해 새로운 컨셉의 광고로 재탄생하였다. 컨셉은 관점을 '텍스트'에서 '점(따옴표)'으로 바꾼 것이다. 그리고 배경 이미지(분필을 들고 점을 찍는 손)가 언어유희에 일조하였다.

〈이글루시큐리티 신문광고〉

이 광고는 [Impossible]을 → **[혼자이기에 불가능하다.]**로, [I'm possible]을 → **[혼자라도 가능하다]** 로 바꾸어 해석하였다. 아이디어의 핵심은 기존의 컨셉 [I'm]을 '나'가 아닌 **'혼자'**로 바꿈으로서 창의적인 언어유희가 된 사례이다.

※ 위와 같이 기존의 흔한 컨셉도 어느 지점에서, 어떻게 다르게 해석하느냐에 따라 끊임없이 새로운 언어유희를 창작할 수 있다.

01 동음컨셉

영영동음

① 우측의 [영어-영어 동음] 컨셉 사례 응용 및 상상을 통한 네이밍

② 02 카피라이팅 사례의 추출을 통한 네이밍

③ 관련 사이트 검색을 통한 새로운 네이밍 컨셉 찾기와 메모하기

Fact - impact 컨셉

팩트 (fact) - 임팩트 (impact)

ThinQ - Thank you 컨셉

씽큐 (ThinQ) 〈LG전자〉 - 쌩큐 (Thank you)

nowhere - now here 컨셉

nowhere (아무데도...않다) - now here (지금 여기)

On-One-Won 컨셉

One on One (원온원)

Wanna One (원어원) 〈가수 워너온〉

and(&)-end-N 컨셉

NN (앤앤, 잘자라)

앤 엔 앤 (end-and-end)

N & N (N and N)

01
네 이 밍

영영동음

① 우측의 [영어-영어 동음] 컨셉 사례 응용 및 상상을 통한 네이밍

② 02 카피라이팅 사례의 추출을 통한 네이밍

③ 다양한 사이트 검색을 통한 새로운 네이밍 컨셉 찾기와 메모하기

Korea - Korean 컨셉

코리아 (Korea) - 코리안 (Korean)

Trump - Triumph 컨셉

트럼프 (Trump) - 트라이엄프 (Triumph)

Clean - Clear 컨셉

클린 (Clean) - 클리어 (Clear)

Nature - Nurture 컨셉

네이처 (nature) - 너어처 (nurture)

02 카피라이팅

영영동음

① 우측의 [영어-영어 동음] 카피 컨셉 사례 응용 및 상상을 통한 카피라이팅

② 01 네이밍 사례 확장을 통한 카피라이팅

③ 각종 광고 사이트 등의 검색을 통한 카피 컨셉 찾기와 메모하기

Fact - Impact 컨셉

마케팅은 Fact를 Impact로 만드는 것

Chance - Choice 컨셉

헤드라인은 Chance가 아니라 Choice에 의해 탄생한다 〈카피공부〉

Wealth - Health 컨셉

웰스(wealth)보다 헬스(health)! 〈헬스장〉

impossible - I'm possible 컨셉

불가능 Impossible에 점 하나를 찍으면 가능한 I'm possible이 됩니다

Get in - Get win 컨셉

Get in - Get win (와서 이겨라) 〈럭키 카지노〉

Your beauty - Our duty 컨셉

Your Beauty? Our Duty! (당신의 아름다움? 우리의 의무!)

02

카피라이팅

영영동음

① 우측의 [영어-영어 동음] 컨셉 사례 응용 및 상상을 통한 카피라이팅

② 01 네이밍 사례 확장을 통한 카피라이팅

③ 각종 광고 사이트 등의 검색을 통한 카피 컨셉 찾기와 메모하기

Be Be______ 컨셉

→ Be Berlin　　Be Beijing

OK ______K 컨셉

→ OK! COOK　　OK! SK!

A+ A______ 컨셉

→ A+ Anyang　　A+ Angel+

Let's Go ______ 컨셉

→ Let's Go Yang　　Let's Go______

Do Dream ______ 컨셉

→ Do Dream 동두천　　Do Dream______

02
동음컨셉

영영동음

① 우측의 [영어-영어 동음] 컨셉 사례 응용 및 상상을 통한 카피라이팅

② 01 네이밍 사례 확장을 통한 카피라이팅

③ 선거 사이트 등의 검색을 통한 카피 컨셉 찾기와 메모하기

a change - a change 컨셉

A leader, for a change (변화를 위해 준비된 대통령) 〈지미 카터〉

America needs a change (미국은 변화를 원합니다) 〈월터몬데일〉

→ Change, Yes, We can (변화, 우리는 할 수 있다) 〈오바마〉

~ First - ~ First 컨셉

Country First (국가가 우선이다) 〈존 매케인〉

→ America First (미국이 우선이다) 〈도널드 트럼프〉

Com~ - Con~ 컨셉

Compassionate Conservatism (더 나은 미국을 위한 더 나은 후보) 〈밥돌〉

~er - ~er 컨셉

Stronger Together (함께 하면 강하다) 〈힐러리 클린턴〉

A kinder, Gentler nation (더 친절하고 따뜻한 나라) 〈조지 부시〉

03
스토리텔링

영영동음

① 우측의 〈출처〉 CM을 시청 후, [영어-영어 동음] 컨셉 사례 응용 및 상상을 통한 스토리텔링

② 02 카피라이팅 사례 또는 01 네이밍 사례 확장을 통한 스토리텔링

③ 유튜브와 광고 사이트 검색을 통한 스토리 컨셉 찾기와 메모하기

Fact(팩트) - Impact(임팩트) 컨셉

대한민국 에너지를 만드는 기업, 이것은 팩트

세계 31개국에 에너지 수출, 이 정도 되면 임팩트

대한민국 최초의 석유화학 회사, 이것은 팩트

독자개발 화학 소재 60개국 공급, 이 정도 되면 임팩트

대한민국의 팩트를 세계의 임팩트로

에너지 화학의 큰 그림을 그립니다

〈SK 이노베이션 Advertisement〉

대한민국 에너지를 만드는 기업, 이것은 팩트

세계 12개 광구에서 에너지 개발, 이 정도 되면 임팩트

윤활유와 전기차 배터리 생산, 이것은 팩트

세계적 자동차의 글로벌 파트너, 이 정도 되면 임팩트

대한민국의 팩트를 세계의 임팩트로

에너지 화학의 큰 그림을 그립니다

〈SK 이노베이션 Advertisement〉

03 동음컨셉

영영동음

① 우측의 〈출처〉 CM을 시청 후, [영어-영어 동음] 컨셉 사례 응용 및 상상을 통한 스토리텔링

② 02 카피라이팅 사례 또는 01 네이밍 사례 확장을 통한 스토리텔링

③ 각종 광고 사이트 검색을 통한 스토리 컨셉 찾기와 메모하기

X(엑스)-Ex 컨셉

X

Xceed 상상을 넘어선 속도로 세상 모든 것을 연결하고

Xpand 그 가능성을 무한확장시키는

Xcellent 탁월한 안정성과 빈틈없는 보안을 갖춘

Xciting 흥미진진하고

Xplore Xperience 탐험적인 경험들을 가능하게 하는

Xtraordinary 결코 평범하지 않은

오직 SK 텔레콤만의 5G

5G의 모든 것 5GX

〈SKT 5GX의 의미 편〉

펜은 칼보다 강하다!
펜보다 연필이 더 강하다!
지우개라는 겸손이 있으니까!

펜은 칼보다 강하다!
펜보다 연필이 더 강하다!
지우개라는 겸손이 있으니까!

2장

"다양한 한자 컨셉의 다양성을 활용하자!"

한자 동음이의어 언어유희

A 漢영(漢字-영어) 동음 컨셉

B 漢한(漢字-한글) 동음 컨셉

C 漢漢(漢字-漢字) 동음 컨셉

A

漢영(漢字-영어) 동음 컨셉

한자-영어 동음 컨셉은 우리 언어를 폭넓게 활용하는 언어유희 중 하나이다. 우리는 본래 한자를 주로 사용하는 언어권이었지만, 영어 문화가 들어오면서 언어의 범위가 넓어지면서 컨셉도 증가한 것이다. 그 사례는 [樂 페스티발], [TV 人사이드], [네이버 지식IN], [청춘氣UP 콘서트] 등 다수가 있으며, 앞으로도 [한자-영어] 동음 컨셉의 언어유희가 증가할 전망이다.

사례

01. **【樂-Rock(락)】** | 人-in(인) | 業-Up(업) | 必-筆-Feel-Fill(필) | 眞-進-珍-Jean(진) |

02. 樂-Rock(락) | 人-忍-in(인) | 高-Go(고) | 必-Feel(필) | 眞-Jean(진) | 豆乳-Do you~ | 乳-you~ |

03. 樂-Rock(락) | 사람人-in(인) |

01 네이밍

漢영동음

樂-Rock

[음악 락(樂)
[즐거울 락(樂)
[풍년 락(樂)
[편안할 낙(樂)
[연주 악(樂)
[좋아할 요(樂)
[바라다 요(樂)

-락캔롤 Rock]
-희희낙락 락]
-벼락 락]
-오락 락]
-도시락 락]
-다락 락]
-낙서 낙]

【樂-Rock】 컨셉은 한자 [즐거울 樂], [음악 樂]과 영어 [락캔롤 Rock]이 동음 컨셉으로 많이 사용되고 있다. 특히 한자 [樂]자는 다양한 뜻과 함께 [락], [악], [낙], [요] 등 다양한 음의 언어유희가 가능한 컨셉이다.

樂(Rock) 페스티발

〈장애인종합복지관〉

[樂(락)] 자는 한자로는 드물게 한 글자 안에 즐거움, 음악, 연주, 편안함, 풍년 등 여러 의미를 담고 있다. 이와 함께 영어 [락캔롤 락(Rock)]은 락음악 콘서트와 락 연주회, 락 음악 프로그램 등의 동음 컨셉으로 사용되고 있다.

락 ROCK 樂 〈KBS 드라마〉

희희낙(樂)Rock 콘서트 〈안숙선 콘서트〉

벼樂콘서트 〈벼리국악단〉 樂&Rock

도시樂(락) 다樂방

모樂모樂 들樂날樂

인생樂(낙)서 드림樂서 5樂

주물樂주물樂 보일樂말樂 엎치樂뒤치樂

01
동음컨셉

漢영동음

① 우측의 [한자-영단어 동음] 컨셉 사례 응용 및 상상을 통한 네이밍

② 02 카피라이팅 사례의 추출을 통한 네이밍

③ 인터넷 서점 등 검색을 통한 새로운 네이밍 컨셉 찾기와 메모하기

人-in(인) 컨셉

속보이는 TV 人사이드 〈KBS〉

경인 Zoom 人 〈이데일리〉

직격人터뷰 〈튜스1〉

메이드人

人스타그램

人사이트

네이버 지식in 〈네이버〉

시사IN 〈시사인〉

IN(인)서울 공부법 〈더디퍼런스〉

연예IN팩트 〈OBS TV〉

사람이 희망人 제천 in 2022 〈제천시〉

業-Up(업) 컨셉

청춘氣UP 토크콘서트 〈KT〉

매치업(Match)業 프로그램

01 네이밍

漢영동음

① 우측의 [한자-영단어 동음] 컨셉 사례 응용 및 상상을 통한 네이밍

② 02 카피라이팅 사례의 추출을 통한 네이밍

③ 다양한 사이트 검색을 통한 새로운 네이밍 컨셉 찾기와 메모하기

必-筆-Feel-Fill(필) 컨셉

안동문화 必 Feel 〈안동시〉

Feel 국어 必 국어 〈정채역 필국어〉

Feel 꽂히면 필(必)히 성공

필통(Feel-tong, 必通) 한국사 〈형설〉

必 Feel Fill 〈반드시 경험하고 채우라, 이새나무〉

Feel Fill 筆 〈필컴필름〉

眞-進-珍-Jean(진) 컨셉

진(眞, Jean)=truth 〈조선희 감독 영화〉

眞 Jean 패션쇼 〈청계천 패션쇼〉

진짜청바지 진진(眞進 Jean)

산해진(眞)미

02 카피라이팅

漢영동음

① 우측의 [한자-영단어 동음] 컨셉 사례 응용 및 상상을 통한 카피라이팅

② 01 네이밍 사례 확장을 통한 카피라이팅

③ TV CF 광고 사이트 등의 검색을 통한 카피 컨셉 찾기와 메모하기

樂-ROCK(락) 컨셉

도시 樂으로 ROCK 도시를 만들자!

5ROCK과 5樂하라

모樂모樂하고 희희ROCKROCK하자!

人-忍-in(인) 컨셉

수많은 人연과 in 연

忍터넷, 더 이상 참을 필요 없습니다 〈삼보컴퓨터〉

忍턴이 아니라 人턴이다

高-Go(고) 컨셉

高3 수高했3

새해 물가는 얼마나 높을高

高속여행 GO GO

국민신문Go 못 이겨도 고(告) 〈YTN〉

GoGo이벤트, 최高를 告하다 〈엠사모〉

02 카피라이팅

漢영동음

① 우측의 [한자-영단어 동음] 컨셉 사례 응용 및 상상을 통한 카피라이팅

② 01 네이밍 사례 확장을 통한 카피라이팅

③ 각종 광고 사이트 등의 검색을 통한 카피 컨셉 찾기와 메모하기

必-Feel(필) 컨셉

필필필, 반드시(必) 벗기고(Peel) 느껴라(Feel) 〈Feel 코치〉

Fill 청렴! Feel 양심! 必 청렴한 공단! 〈한국환경공단〉

眞-Jean(진) 컨셉

眞의 진실과 Jean의 실용…청바지입는 CEO

豆乳-Do you~ 컨셉

Do you(豆乳) 엘리트? 〈연세우유〉

乳-you~ 컨셉

아이 러브 유(乳) 캠페인 〈서울우유〉

03

스토리텔링

漢영동음

① 우측의 [한자-영단어 동음] 컨셉 사례 응용 및 상상을 통한 스토리텔링

② 02 카피라이팅 사례 또는 01 네이밍 사례 확장을 통한 스토리텔링

③ 유튜브와 광고 사이트 검색을 통한 스토리 컨셉 찾기와 메모하기

樂-ROCK(락) 컨셉

엎치락 뒤치락 즐겨락

보일락 말락 즐겨락

엎치락 뒤치락 보일락 말락

즐겨 즐겨 즐겨 즐겨 즐겨락(樂)

ROCK ROCK ROCK 즐겨락(樂)

사람人-in(인) 컨셉

사람人 **찾아줘**

일자리를 찾던 시대에서

사람in **인공지능이** 일자리를 찾아주는 시대로

찾지 못했던 일자리까지 추천합니다

사람in **인공지능** 취업의 기준이 되다

사람in

〈사람in 취업의 기준 편〉

B

漢한(漢字-한글) 동음 컨셉

한자-한글 동음 컨셉은 동음이의어 중 선택의 폭이 넓은 컨셉 중 하나이다. 우리가 사용하는 언어 중 절반 이상이 한자이고, 한자 수 또한 많기 때문이다. 예컨대 [돌아와요 부산항愛(에)], [바다愛(예)찬], [愛(에)너지]처럼 음은 같은데 철자가 다른 경우, [女보세여], [건강해(海)요], [心부름꾼], [詩누이]처럼 음은 같은데 다른 한자로 대체하는 경우 등 [한자-한글] 동음 컨셉은 활용도가 높은 언어유희이다.

사례

01. **【愛-애(에)】** | 女-여 | 海-해(요) | 夜-야 | 記-(하)기 | 金-김(금) | 家-가 | 詩-시 | 不-불(부) | 豚-돈 | 感-감 | 株-주(여) | 心-심(부름) | 俳優-배우(다) | 大路-~대로 |

02. 愛-애(에) | 感-감 | 女-여 | 夜-야 | 善-선 | 鐵-철 | 費-비 | 毛-모 | 家-가 | 水-수 | 火-화 | 竹-죽 | 寒-한 || 足足-족족 | 歲拜-3배 |

03. 愛-애(에) | 毛-모(뭐) | 豚-돈 | 夜-야~ |

01
네 이 밍

漢한동음
愛-애(에)

[사랑해 애(해)]

[OO에 애(에)]
[OO에서 애(에)]
[OO의 애(의)]

[에너지 애]
[에티켓 애]

[OO예찬 애(예)]
[청춘예찬 애(예)]

【愛-애】 컨셉은 한자 [사랑 애(愛)] 자와 우리말에서 자주 사용하는 조사 [~에(서), 에]의 동음이의어로 자주 활용된다. 앞말이 부사어임을 나타내는 격 조사와 함께 어떤 명사의 앞 또는 뒤에 붙어서 다양한 언어유희로 활용할 수 있다.

산들바다愛(에) 〈해남김치마을 한옥민박〉

사랑愛(해) 콘서트 〈서희스타힐스〉

'사랑 애(愛)' 자는 가장 보편적이면서 긍정적인 의미를 담아낼 수 있는 특별한 한자이다. 이를 한글 조사 [~에]나 [~해] 자와 함께 다양한 동음이의어 언어유희를 창작할 수 있다.

돌아와요 부산항愛 〈블랙홀 엔터테인먼트〉

숯불愛닭 〈숯불애닭〉 시월愛 가을愛

새만금愛 빠지다 〈미래엔〉 농촌愛 마음을 품다

관절愛 〈종근당〉 내눈愛

내안愛 〈서희〉 엄마품안愛

금강산愛서 괌愛서

愛누리닷컴 〈에누리닷컴〉

愛간장 〈SBS플러스〉 愛타는 _______

나愛 콘서트 뜻밖愛_______

愛너지 愛티켓 알로愛

바다愛찬 〈수협중앙회〉 청춘愛찬

01
동음컨셉

漢한동음

① 우측의 [한자-한글] 동음 컨셉 사례 응용 및 상상을 통한 네이밍

② 다음의 02 카피라이팅과 03 스토리텔링 사례의 추출을 통한 네이밍

③ 각종 광고 사이트 검색을 통한 새로운 네이밍 컨셉 찾기

女-여 컨셉

女보세여

女봐라

女풍당당 〈CJB〉 女세등등

가벼워女 날씬해女

女기에서 女기까지

열女라 취업문 높女라 ________

海-해(요) 컨셉

건강 해(海)요 〈수협중앙회〉

사랑해(海)요

夜-야 컨셉

야(夜)한 휴가 〈롯데월드〉 夜성

________ 야(夜)시장 야(夜)행열차

야(夜)옹아 야민정음

개그야(夜) 〈MBC〉 안주야(夜) 〈청정원〉

여보야 〈엠투엠〉 여우야 여우야

어영차 바다야(夜) 야야 회동

01 네이밍

漢한동음

① 우측의 [한자-한글] 동음 컨셉 사례 응용 및 상상을 통한 네이밍

② 다음의 02 카피라이팅과 03 스토리텔링 사례의 추출을 통한 네이밍

③ 인터넷 서점 등 검색을 통한 새로운 네이밍 컨셉 찾기

記-(하)기 컨셉

아이와 거닐記 〈영진닷컴〉 고양이 돌보記

金-김(금) 컨셉

김(金)家네 〈김가네 김밥〉 金상첨화

家-가 컨셉

우리가(家) 남이가(家) 〈tvN〉

詩-시 컨셉

詩누이 〈창비〉 詩어머니

不-불(부) 컨셉

2불(不) 세탁 不고기쌈

豚-돈 컨셉

이 정돈(豚) 돼아지 〈이정돈돼아지〉

01 동음컨셉

漢한동음

① 우측의 [한자-한글 동음] 컨셉 사례 응용 및 상상을 통한 네이밍

② 02 카피라이팅 사례의 추출을 통한 네이밍

③ 다양한 사이트 검색을 통한 새로운 네이밍 컨셉 찾기와 메모하기

感-감 컨셉

내 몸에 좋은 감(感) 〈산내들감식초〉

株-주(여) 컨셉

오! 株여~ 〈조선 주식〉

心-심(부름) 컨셉

心부름꾼 〈MBC〉 心부름센터

俳優-배우(다) 컨셉

배우는 삶 배우의 삶 〈배종옥, 마음산책〉

大路-~대로 컨셉

말하는 대로(大路) 〈JTBC〉

02
카피라이팅

漢한동음

① 우측의 [한자-한글 동음] 컨셉 사례 응용 및 상상을 통한 카피라이팅

② 01 네이밍 사례 확장을 통한 카피라이팅

③ TV CF 사이트 등의 검색을 통한 카피 컨셉 찾기와 메모하기

愛-애(에) 컨셉

愛타는 愛티켓 사랑愛

가을愛 젖고 단풍愛 취하다!

詩愛 물들다! 책愛 빠지다!

아리수愛 환경을 품다, 수돗물愛 건강을 담다 〈서울시 아리수〉

귀농愛 자연을 품다! 농산물愛 건강을 담다!

살어리 살어리랏다 청춘愛 살어리랏다

感-감 컨셉

감정인가 감각인가 감동인가

어디 가는감? 지금 오는감?

감이 좋은 신랑감과 신부감

感感무소식이 感感희소식이다

02 동음컨셉

漢한동음

① 우측의 [한자-한글 동음] 컨셉 사례 응용 및 상상을 통한 카피라이팅

② 01 네이밍 사례 확장을 통한 카피라이팅

③ 각종 광고 사이트 등의 검색을 통한 카피 컨셉 찾기와 메모하기

女-여 컨셉

용기내女 기운내女 미투해女

夜-야 컨셉

한 여름밤의 夜~호 야(夜)~ 좋다

善-선 컨셉

우리가 지켜야 할 선으로 善을 만들다 〈지킬선 캠페인〉

鐵-철 컨셉

철(Fe)없던 네가 철들었구나 〈대웅제약〉

費-비 컨셉

비가 내린다 통화비(費)가 내린다 〈SK텔레콤〉

毛-모 컨셉

무모(毛)한 분들, 유모(毛)있게 삽시다 〈스펠라 707 가발〉

02
카피라이팅

漢한동음

① 우측의 [한자-한글 동음] 컨셉 사례 응용 및 상상을 통한 카피라이팅

② 01 네이밍 사례 확장을 통한 카피라이팅

③ TV CF 사이트 등의 검색을 통한 카피 컨셉 찾기와 메모하기

家-가 컨셉

당신의 집 안녕하신家요? 〈KBS 신년기획〉

水-수 컨셉

좋은 수가 있다 〈수협은행〉

火-화 컨셉

식목일에는 화(火)내지 마세요 〈산림청〉

竹-죽 컨셉

하(夏)~ 竹이네 〈국민일보〉

寒-한 컨셉

올 여름 寒 입에 끝장낸다 〈롯데월드〉

02
동음컨셉

漢한동음

① 우측의 [한자-한글 동음] 컨셉 사례 응용 및 상상을 통한 카피라이팅

② 03 스토리텔링 사례 추출 또는 01 네이밍 사례 확장을 통한 카피라이팅

③ 각종 광고 사이트 등의 검색을 통한 카피 컨셉 찾기와 메모하기

足足-족족 컨셉

바르는 족족(足足) 무좀은 사라집니다 〈바이엘 카네스텐〉

歲拜-3배 컨셉

에버랜드가 세배(歲拜)를 드립니다 〈에버랜드〉

03 스토리텔링

漢한동음

① 우측의 〈출처〉 CM을 시청 후, [한자-한글 동음] 컨셉 사례 응용 및 상상을 통한 스토리텔링

② 02 카피라이팅 사례 또는 01 네이밍 사례 확장을 통한 스토리텔링

③ TV CF 사이트 검색을 통한 스토리 컨셉 찾기와 메모하기

愛-애(에) 컨셉

내 아내는 행복을 주는 여자입니다

내 안愛는 행복을 주는 집입니다

다시 태어나도 내 안愛입니다

양우 내안愛

〈양우건설 내안애 고림2차〉

毛-모(뭐) 컨셉

하이모(毛), 안되는 게 毛니?

스타일도 독보적이다

하이毛

〈하이모 안되는게모니 편〉

03
동음컨셉

漢한동음

① 우측의 [한자-한글 동음] 컨셉 사례 응용 및 상상을 통한 스토리텔링

② 02 카피라이팅 사례 또는 01 네이밍 사례 확장을 통한 스토리텔링

③ 유튜브와 광고 사이트 검색을 통한 스토리 컨셉 찾기와 메모하기

豚-돈 컨셉

사랑이 돈으로 되니?

사랑은 한돈 하는거야

돈 보다 돈(豚)이 먼저다!

돈(豚) 잡고 돈 잡아라!

Don't worry~ 돈 해피!

우리돈(豚)

한돈

〈한돈〉

夜-야~ 컨셉

초특가 夜~ 놀자!

초특가 夜~ 놀자!

초특가 夜夜夜 夜夜夜夜 夜 놀자!

초특가로 夜~놀자

〈야놀자〉

C

漢漢(漢字-漢字) 동음 컨셉

한자-한자 동음 컨셉은 한자의 수가 많아서 다양한 동음이의어 선택이 가능하다는 장점을 활용하는 언어유희이다. 예컨대 [수요일의 水] 컨셉을 [손으로 만드는 手요일], [수학을 공부하는 數요일], [상을 받는 受요일], [빛나는 날 秀요일], [머리를 지압하는 首요일], [만수무강 壽요일] 등으로 다양한 언어유희를 창작할 수 있다.

사례

01. **【水-秀-數-手(수)】** | 美-米-味-微(미) | 新-信-神(신) | 大-代-對(대) | 多-茶(다) | 感-甘(감) ‖ 始作-詩作(시작) | 握手-惡手(악수) | 飛行-非行(비행) |

02. 美-米-味(미) | 多-茶(다) | 新-信-神(신) | 公-空-恐(공) | 富-不(부) |

03. 的-敵(적) | 上上-想像(상상) |

01 네이밍

漢漢동음

水-秀-數-手(수)

[물 水]

[빼어날 秀]

[손 手]

[셈 數]

[목숨 壽]

[닦을 修]

[머리 首]

[받을 受]

【水-秀-數-手(수)】 컨셉은 발음이 쉽고, 일상에서 자주 사용하는 [물 水], [빼어날 秀], [셈 數], [손 手], [목숨 壽], [머리 首], [받을 受] 등의 한자들이 많다. 이와 같이 다양한 동음 컨셉의 언어유희를 창의적으로 대입하고 창작할 수 있는 컨셉이다.

기존 한자 컨셉 사례	다양성 1	다양성 2
빼어날秀 〈댕기머리〉	빼어날水	빼어날手
신의 한手 〈미래보험교육원〉	신의 한水	신의 한 數
한數위 〈한수위 수학〉	한水위	한秀위
고대했水 〈생수〉	고대했數	고대했手
무병장壽 〈실버프로그램〉	무병장水	무병장修
세상에 數를 놓다 〈수학체험전〉	봄을 秀 놓다	마음을 修 놓다
수다 콘서트 〈토크콘서트〉	수(數)다 강연회	수(壽)다 장수쑈

생활필水 A+생水

고手 手요일의 手요________

손秀 秀려한 〈수려한〉

할 數 있다 〈상상대로〉

01
동음컨셉

漢漢동음

① 우측의 [한자-한자 동음] 컨셉 사례 응용 및 상상을 통한 네이밍

② 02 카피라이팅과 03 스토리텔링 사례의 추출을 통한 네이밍

③ TV CF 사이트 검색을 통한 새로운 네이밍 컨셉 찾기와 메모하기

美-米-味-微(미) 컨셉

美친 치킨 〈MOM's TOUCH〉

회사가 美쳤다 〈잡코리아〉

美안헤어

상크美 〈일양약품〉

녹차탐미(美) 〈서해문집〉

미(米)라클

미(米)'s 코리아

LOVE 미(米)

미(米)사랑 러브米 · 기부米

쌀파는 남자 미(米)남(男)

자연미(米) 건강米인

미미락(美未樂)

미(美)미(味)미(未) 3미시장

미(美)와 미(微)의 만남展

01 네이밍

漢漢동음

① 우측의 [한자-한자 동음] 컨셉 사례 응용 및 상상을 통한 네이밍

② 02 카피라이팅과 03 스토리텔링 사례의 추출을 통한 네이밍

③ 다양한 사이트 검색을 통한 새로운 네이밍 컨셉 찾기와 메모하기

新-信-神(신) 컨셉

信·神·新 인사시스템 〈서울특별시〉

신나라

화술의 신(信)　흥행신(信)

信들린 화가

神의 여인

大-代-對(대) 컨셉

대(大)통령을 만드는 대(代)통령

대(大)행사와 대(代)행사

대(大)학생 vs 대(對)학생

대(大)통령에 대(對)한 대(大)권

투자 大세는 임大 수요大~

01 동음컨셉

漢漢동음

① 우측의 [한자-한자 동음] 컨셉 사례 응용 및 상상을 통한 네이밍

② 02 카피라이팅과 03 스토리텔링 사례의 추출을 통한 네이밍

③ TV CF 사이트 검색을 통한 새로운 네이밍 컨셉 찾기와 메모하기

多-茶(다) 컨셉

다(多)가치

다시 多 詩 〈부크럼〉

다多락樂방房

다(多)와락(樂) 〈보성군 국악공연〉

多독茶독

茶재茶능

茶茶익선

세상 시름 다(茶) 잊고

나는 ________다(茶)

感-甘(감) 컨셉

단(短)감

5감을 자극하는 0감

공감할 것 같은 감 〈지식공감〉

감 잡았다

감감희소식

기대감 폭발예감

오는감 가는감

01 네이밍

漢漢동음

① 우측의 [한자-한자 동음] 컨셉 사례 응용 및 상상을 통한 네이밍

② 02 카피라이팅과 03 스토리텔링 사례의 추출을 통한 네이밍

③ 다양한 사이트 검색을 통한 새로운 네이밍 컨셉 찾기와 메모하기

始作-詩作(시작) 컨셉

한국을 詩作하다 〈호텔롯데〉

握手-惡手(악수) 컨셉

악수(握手)의 악수(惡手)

飛行-非行(비행) 컨셉

비행의 발견 〈북플레닛〉

02
카피라이팅

漢漢동음

① 우측의 [한자-한자 동음] 컨셉 사례 응용 및 상상을 통한 카피라이팅

② 01 네이밍 사례 확장을 통한 카피라이팅

③ TV CF 사이트 등의 검색을 통한 카피 컨셉 찾기와 메모하기

美-米-味(미) 컨셉

세계인 홀리는 미(米)'s 코리아를 찾습니다

쌀의 맛있는 기적, 미(米)라클 출시! 〈농림식품수산부〉

후레이크로 맛을 친 味친 치킨이 온다 〈MOM's TOUCH〉

100% 우리농산물로 만든 미(味)친(親) 김치 〈전라남도 미친김치〉

美美박스! 美구하라! 〈미구하라 화장품〉

미(美)생물과 미(微)생물 사이 〈연세대 김응빈 교수〉

'米 · 微 · 美' 3미로 아름다운 세상 만들기 〈담양군 봉산면〉

미(美)미(味)미(未) 미로예술시장 〈원주중앙시장〉

엄마와 딸이 함께하는 미(Me)미(美)미(味) 캠프

축하미(米) 나누미(美) 캠페인 〈강북구〉

미(美)의 마음이 미(米)로 전해지다 〈금천구〉

러브미(米)로 미(美)인 되자!

02 네이밍

漢漢동음

① 우측의 [한자-한자 동음] 컨셉 사례 응용 및 상상을 통한 카피라이팅

② 01 네이밍 사례 확장을 통한 카피라이팅

③ 각종 광고 사이트 등의 검색을 통한 카피 컨셉 찾기와 메모하기

多-茶(다) 컨셉

여기서 多 나온다 통 크게 多드립니다

카드 하나로 혜택을 다(多) 누리세요

다(多)독(讀)다(多)독(讀) 다(多)육(育)하기

모두가 다(多) 배우고 다(多) 체험해서 다(多) 행복한 다다(多多)익선

다중 교통카드 하나로 다(多) 누리세요

세상 시름 다 잊고 다(茶) 마시자

차원이 다른 차(茶) '다르다(茶)'

新-信-神(신) 컨셉

영업의 신(新)바람, 조직의 신(信)바람, 실력의 신(神)바람 〈하나금융〉

3신바람 운동: 신(新)바람, 신(信)뢰, 신(神)들린 듯 일하자 〈신신제약〉

'신과 함께' 흥행신 눈앞에서 본다

公-空-恐(공) 컨셉

공약(公約)과 공약(空約) 그리고 공약(恐約) 〈서준원 칼럼〉

富-不(부) 컨셉

부(富)프로젝트, 부(不)동산이 부(富)동산 될까? 〈김어준 프로젝트〉

펜은 칼보다 강하다!
펜보다 연필이 더 강하다!
지우개라는 겸손이 있으니까!

03 스토리텔링

漢漢동음

① 우측의 〈출처〉 동영상을 시청 후, [한자-한자 동음] 컨셉 사례 응용 및 상상을 통한 스토리텔링

② 02 카피라이팅 사례 또는 01 네이밍 사례 확장을 통한 스토리텔링

③ 유튜브와 광고 사이트 검색을 통한 스토리 컨셉 찾기와 메모하기

的-敵(적) 컨셉

감각적이다

매력적이다

그래서 그녀는 나의 적이다

뇌쇄적이다

치명적이다

그래서 그녀는 나의 적이다

운명의 적과 만나다

〈넥스트무브 게임 다인〉

上上-想像(상상) 컨셉

그날의 기분

여자여 상상(上上)하자

프린세스 코튼

그날의 특별한 상상

상상(想像)만큼 기분이 좋아진다

〈대한펄프 프린세스 코튼〉

펜은 칼보다 강하다!
펜보다 연필이 더 강하다!
지우개라는 겸손이 있으니까!

3장

"우리에게 가장 친숙한 컨셉은 우리말 컨셉이다!"

우리말 동음이의어 언어유희

A 명사 중심 동음 컨셉

B 동사 중심 동음 컨셉

C 우리말 유사음 컨셉

A

명사 중심 동음 컨셉

명사 중심 동음 컨셉은 우리말 중에 음은 같지만 뜻이 다른 동음이의어 중에서 명사 중심의 중의성을 활용하는 언어유희다. 예컨대 '(명사) 새우'를 '(동사) 세우다'와 동음 컨셉으로 연결한 [새우-세우다-세우라니까]와 [새우의 자존심을 세우다] 카피는 명사와 동사의 이질적인 만남을 컨셉으로 연결시킨 언어유희의 사례이다.

사례

01. **【물-물-물】** | (보다)봄-(계절)봄 | (이야기)말-(동물)말-(末)말 | (과일)배-(신체)배-(옷)배-(성)배 | (아이)새끼-(손가락)새끼-(욕)새끼 | (곡식)감자-(눈을)감자-(머리)감자 |

02. **【새우-세우다】** | (바다)게-(호칭)게 | (바다)대게-(다수)대개 | 사자-사자/판다-판다 | (이야기)말-(동물)말 | (몸)살-(나이)살-(구매)살 | (보다)봄-(계절)봄 |

03. 새우-세우다 | (보다)봄-(계절)봄 |

01 네이밍

명사동음

물-물-물

[(마시는) 물]

[(최적의 상황) 물]

[(최정상의) 물]

[(하찮은) 물]

[(수준) 물]

[(물들다) 물]

[(이빨로 물다) 물]

【물-물-물】 컨셉은 [마시는 물] 이외에 [(최적의 상황) 물], [(최정상의) 물], [(하찮은) 물], [(수준) 물] 등의 다양한 물이 있다. 이러한 물의 다양한 컨셉을 활용해서 창의적인 네이밍을 할 수 있다.

물

물먹는 하마 〈옥시〉

한우물 〈한우물〉

물보다 좋은 물

물 만난 고기 〈낚시카페〉

물오른 피부과 〈성형외과〉

날 물로 보지마! 〈롯데칠성〉

난 노는 물이 달라

인종주의에 물든 과학 〈이음출판사〉

물 수 없다면 짖지도 마라 〈산처럼출판사〉

물 먹는 자본 〈롤링다이스 출판사〉

위의 [물먹는 하마], [한우물] 등의 네임은 [(마시는) 물] 컨셉이고, [물 만난 고기]는 [(최적의 상황) 물] 컨셉, [물오른 피부과]는 [(최정상) 물] 컨셉이다. 그밖에 [(물들다) 물], [(이빨로 물다) 물], [(하찮은) 물], [(수준) 물] 등의 다양한 컨셉을 활용하여 새로운 언어유희를 창작할 수 있다.

01
동음컨셉

명사동음

① 우측의 [명사 동음] 컨셉 사례 응용 및 상상을 통한 네이밍

② 02 카피라이팅과 03 스토리텔링 사례의 추출을 통한 네이밍

③ 광고 사이트 검색을 통한 새로운 네이밍 컨셉 찾기와 메모하기

(보다)봄-(계절)봄 컨셉

당신의 봄 〈삼성화재〉

(이야기)말-(동물)말-(末)말 컨셉

크리스말쇼 〈컬투쇼〉

말+춤콘서트

(과일)배-(신체)배-(옷)배-(성)배 컨셉

지지배배

배가(家)

(아이)새끼-(손가락)새끼-(욕)새끼 컨셉

미운 우리 새끼 〈SBS〉

두새끼 Show 〈컬투쇼〉

(곡식)감자-(눈)감자-(머리)감자 컨셉

눈을 감자 〈오리온〉

둘둘 감자 꼭꼭 감자

02

카피라이팅

명사동음

새우-세우다

[명사 새우 – 동사 세우다]

[새우의 자존심을 세우다
-새우의 ○○○을 세우다]

[새우-세우라고-세우라니까
○○-○○라고-○○라니까]

【새우-세우다】 컨셉은 명사 [새우]와 동사 [세우다]의 이질적인 두 개의 단어를 하나로 연결시킨 것이 컨셉의 핵심이다. 그리고 그 사이에 '자존심'이라는 매개 단어를 넣어 카피로 완성한 것도 주목할 만한 언어유희의 포인트다.

새우의 자존심을 세우다

〈버거킹 통새우와퍼, 2016〉

[새우의 자존심을 세우다]는 이 광고의 메인 카피이다. [새우–세우다]를 컨셉으로 정하고, 그 사이에 어떤 키워드를 삽입하느냐가 카피의 관건이다. [새우를 세우다]는 어색하다. '자존심을'을 가리고 다양한 단어를 대입해보면 또 다른 카피를 창작할 수 있다.

새우-세우라고-세우라니까

〈버거킹 통새우와퍼, 2016〉

[세우–세우라고–세우라니까] 카피는 유튜브 조회수 200만 회를 넘고, 서울영화광고제에서 '동상'을 수상한 배경이다. 이 광고의 성공요인은 짧은 CM 안에 '아재 개그'의 친근한 언어유희와 반전이 있는 스토리를 시각적으로 담아낸 결과이다.

02 동음컨셉

명사동음

① 우측의 [명사 동음] 컨셉 사례 응용 및 상상을 통한 카피라이팅

② 03 스토리텔링 사례 추출 또는 01 네이밍 사례 확장을 통한 카피라이팅

③ TV CF 사이트 등의 검색을 통한 카피 컨셉 찾기와 메모하기

(바다)게-(호칭)게 컨셉

게 있느냐? 게 아무도 없느냐? 게, 게냐? 〈버거킹 대게와퍼〉

(바다)대게-(다수)대개 컨셉

통새우랑 붉은대게랑 같이 먹으면 대게 대개 맛있데 〈버거킹〉

사자-사자 / 판다-판다 컨셉

사자, 편하게 사자! 판다, 믿고 판다! 〈옥션〉

(이야기)말-(동물)말 컨셉

말만 하면 된다! 말하고 사자! 〈옥션〉

(몸)살-(나이)살-(구매)살 컨셉

니 살은 몇 살이니? 〈바디샵〉 살맛나는 일주일 〈이마트〉

(보다)봄-(계절)봄 컨셉

오늘도 봄 내일도 봄 보고 또 봄 〈삼성화재〉

03 스토리텔링

명사동음

① 우측의 〈출처〉 CM을 시청 후, [명사 동음] 컨셉 사례 응용 및 상상을 통한 스토리텔링

② 02 카피라이팅 사례 또는 01 네이밍 사례 확장을 통한 스토리텔링

③ 유튜브와 광고 사이트 검색을 통한 스토리 컨셉 찾기와 메모하기

새우-세우다 컨셉

세워

세우라고~

세우라니까~

새우의 자존심을 세우다

통새우와퍼

〈버거킹 통새우와퍼〉

(보다)봄-(계절)봄 컨셉

우리는 봄

당신을 봄

제대로 봄

꼼꼼히 봄

오늘도 봄

내일도 봄

보고 또 봄

〈삼성화재 봄〉

03 동음컨셉

명사동음

① 우측의 [명사 동음] 컨셉 사례 응용 및 상상을 통한 스토리텔링

② 인터넷 사이트 검색을 통한 스토리 컨셉 찾기

오리-~오리 컨셉

1. 전업주부, 집오리
2. 전문직에 종사하는 아내, 청둥오리
3. 주식투자로 돈 버는 아내, 황금 알을 낳는 오리
4. 돈 더 벌어오라고 호통치는 아내, 탐관오리
5. 모든 재산을 종교에 헌납한 아내, 주께 가오리
6. 병에 걸리고도 명까지 긴 아내, 어찌 하오리
7. 돈 많이 벌어 놓고 일찍 죽은 아내, 앗싸 가오리

〈출처 미상〉

B

동사 중심 동음 컨셉

동사 중심 동음 컨셉은 우리말 중에 음은 같지만 뜻이 다른 동음이의어 중에서 동사 중심의 중의성을 활용하는 언어유희다. 예컨대 [주인공이 떴다]를 [잘나가다 떴다], [마음이 떴다], [맞장을 떴다], [화장이 떴다], [높이 난다 떴다] 등의 동음 컨셉과 연결할 수 있고, 그와 인접한 컨셉을 다양한 언어유희로 창작할 수 있다.

사례

01. **【떴다-떴다】** | (계절)타다-(차)타다-(파도)타다 | (사랑에)빠지다-(살)빠지다 | (물리적)물들다-(정신적)물들다 |

02. (계절)타다-(차)타다-(파도)타다 | (사랑에)빠지다-(살)빠지다 | (물리적)물들다-(정신적)물들다 |

03. (마음)타다-(차)타다 | (주식)사자-(동물)사자 | (주식)판다-(동물)판다 |

01 네 이 밍

동사동음

떴다-떴다

[(나타나다) 떴다

- (잘나가다) 떴다]
- (높이 난다) 떴다]
- (눈을) 떴다]

- (맞장을) 떴다]
- (마음이) 떴다]
- (화장이) 떴다]

【떴다-떴다】 컨셉은 [나타나다 떴다] 외에 [잘나가다 떴다], [높이 난다 떴다], [눈을 떴다]와 [맞장을 떴다], [마음이 떴다], [화장이 떴다] 등의 다양한 뜻이 있으며, 이 컨셉을 활용하여 창의적인 언어유희를 창작할 수 있다.

패밀리가 떴다

〈SBS〉

꼴지들이 떴다 〈비룡소〉

미스김이 떴다

떴다! 분양의 여왕 〈라온북〉

떴다! 지식탐험대 〈시공주니어〉

보름달이 떴다

위와 같은 【떴다】 컨셉은 주로 [나타나다 떴다]의 의미로 활용된다. 또한 긍정적 [떴다]와 부정적인 [떴다]의 의미로도 사용할 수 있으며, 이를 활용한 사례는 아래와 같다.

떴다 내 인생 〈정환희 노래〉

떴다 떴다 무지개

인생과 맞짱 떴다

괴물, 한쪽 눈을 뜨다 〈문학동네〉

01
동음컨셉

동사동음

① 우측의 [동사 동음] 컨셉 사례 응용 및 상상을 통한 네이밍

② 02 카피라이팅과 03 스토리텔링 사례의 추출을 통한 네이밍

③ 인터넷 서점 검색을 통한 새로운 네이밍 컨셉 찾기와 메모하기

(계절)타다-(차)타다-(파도)타다 컨셉

공자, 지하철을 타다 〈탐〉

촛불처럼 타다 〈KBS2〉

사랑애(愛) 타다 〈로맨스토리〉

(사랑에)빠지다-(살)빠지다 컨셉

캘리愛 빠지다 〈북로그컴퍼니〉

미스터퐁 수학에 빠지다 〈부키〉

깊은 학습 지식의 바다로 빠지다 〈학지사〉

(물리적)물들다-(정신적)물들다 컨셉

꿈으로 물들다 〈카카오엠〉

여행, 색에 물들다 〈가나아트갤러리〉

물들다展

02 카피라이팅

동사동음

① 우측의 [동사 동음] 컨셉 사례 응용 및 상상을 통한 카피라이팅

② 03 스토리텔링 사례 추출 또는 01 네이밍 사례 확장을 통한 카피라이팅

③ TV CF 사이트 등의 검색을 통한 카피 컨셉 찾기와 메모하기

(계절)타다-(차)타다-(파도)타다 컨셉

커피만 타지 말고 자전거 타자 〈삼천리자전거〉

도시의 그루브를 타자 K5를 타자 〈KIA〉

여름을 타다 파도를 타다 썸타다

(사랑에)빠지다-(살)빠지다 컨셉

사랑愛 빠지니 살이 빠지다

비빔냉면에 빠지고 양념갈비에 빠지다

도박에 빠지다 술에 빠졌다 힘 빠지고 머리숱이 다 빠졌다

(물리적)물들다-(정신적)물들다 컨셉

청자의 푸른빛에 물들다 옛것에 물들다

노을에 물들고 낙엽에 물들고 너에게 물들다

03 스토리텔링

동사동음

① 우측의 〈출처〉 CM을 시청 후, [동사 동음] 컨셉 사례 응용 및 상상을 통한 스토리텔링

② 02 카피라이팅 또는 01 네이밍 사례 확장을 통한 스토리텔링

③ 유튜브와 광고 사이트 검색을 통한 스토리 컨셉 찾기와 메모하기

(마음)타다-(차)타다 컨셉

외로움을 타지 말자

속 타지 말자

도시의 그루브를 타자

K5를 타자

〈KIA〉

(주식)사자-(동물)사자 컨셉

사자

나도 사자

크레온으로 주식 사자

〈대신증권〉

(주식)판다-(동물)판다 컨셉

판다

나는 판다

크레온으로 주식 판다

〈대신증권〉

C

우리말 유사음 컨셉

우리말 유사음 컨셉은 동음은 배제하고, 음이 유사한 영역을 활용한 언어유희이다. 예를 들어 LG전자는 [돼지털-디지털] 유사음으로 대한민국광고대상에서 '금상'을 수상했다. 그밖에 '(조류) 닭'을 '(부사) 딱'과 연결한 [닭-딱-땱] 컨셉 사례, '(과일) 바나나'를 '(반하다) 반하나'를 엮은 [반하나-바나나] 컨셉, 커피 광고 [뭐까-모카] 컨셉, 눈 점안액 광고 [누나-눈아] 컨셉, 쌀소비촉진 캠페인 [밥이 답이다-바비다비다] 컨셉 사례 등 무궁무진하다.

사례

01. **【닭-딱-땱】** |

02. 닭-딱-땱 | 반하나-바나나 | 안봤어-암바사 | 돼지털-디지털 | 빚-빛 | 뼈-빼 |

03. 누나-눈아 | 밥이 답이다-바비다비다 |

01
네 이 밍

우리말 유사음

닭-딱-딹

[닭 → 딱
ㄷ → ㄸ]

[딱 → 딹
ㄱ → ㄹㄱ]

[~(하)다 → 닭]
[다 → 닭]

[닥 → 닭]

[당 → 닭]

【닭-딱-딹】 컨셉은 두 개의 컨셉으로 이루어져 있다. 먼저 [닭]에서 [딱]으로 유사음의 컨셉, 그리고 [딱]에서 [딹]으로 글의 변형 컨셉이다. 그밖에 [닥], [다], [당] 등 유사음으로 컨셉의 영역을 확장할 수 있다.

닭 - 딱 - 딹 (닭+딱)

〈BBQ, 2017〉

위의 [딹] 컨셉은 국내 치킨 프렌차이즈 BBQ의 언어유희 광고이다. 이 컨셉의 특징은 'ㄷ'자의 [닭]을 'ㄸ'자의 [딱]으로 변환한 언어유희이다. 이 외에 '맛있다', '크다', '다큐', '다함께' 등의 '다'자를 [다→닭] 컨셉을 이용하여 아래와 같이 다양한 네이밍, 카피라이팅 등의 언어유희를 창작할 수 있다.

맛있닭 ← 맛있다+닭

끝내준닭 ← 끝내준다+닭

99닭 ← 구구(단)+닭

크닭　건강하닭　믿는닭

닭같이 먹자 〈맥도날도〉 ← 다같이 먹자+닭

닭큐멘터리 〈치킨점〉 ← 다큐멘터리+닭

닭치고 서핑 〈XTM〉 ← 닥치고+닭

위풍닭닭 ← 위풍당당+닭닭

02 카피라이팅

우리말 유사음

① 우측의 [주어 동음] 컨셉 사례 응용 및 상상을 통한 카피라이팅

② 01 네이밍 사례 확장을 통한 카피라이팅

③ TV CF 사이트 등의 검색을 통한 카피 컨셉 찾기와 메모하기

닭-딱-닭 컨셉

치킨이 생각날 땐 BBQ가 딹!

하정우가 선택한 딹.

황금올리브 속안심이 딹. 〈BBQ〉

이를 어쩐닭 얘들 굶기게 생겼닭 〈옥션〉

바나나-반하나 컨셉

반하나? 안반하나? 바나나 바나나맛 우유 〈빙그레 바나나맛우유〉

안봤어-암바사 컨셉

너 진짜 봤어? 안봤어? 암바사 〈암바사〉

돼지털-디지털 컨셉

그게 뭐야? 디지털 세상이잖아요. 뭔 돼지털? 〈LG전자, 대한민국광고대상〉

빚 - 빛 컨셉

빚에 점 하나를 찍으면 빛이 됩니다

뼈 - 빼 컨셉

뼈만 남기고 다 빼드립니다 〈살빠짐 헬스〉

03 스토리텔링

우리말 유사음

① 우측의 〈출처〉 CM을 시청 후, [주어 동음] 컨셉 사례 응용 및 상상을 통한 스토리텔링

② 02 카피라이팅 사례 또는 01 네이밍 사례 확장을 통한 스토리텔링

③ 유튜브와 광고 사이트 검색을 통한 스토리 컨셉 찾기와 메모하기

누나-눈아 컨셉

누나 또 밤샌 거예요

누나 렌즈 끼고 자지 말라니까

누나 폰 좀 그만 봐요

이제 상처받지 말아요

눈아

〈파마리서치프로덕트 리안점안액〉

밥이 답이다-바비다비다 컨셉

바비다비다 바비다비다

바비다비다비다

바비다비다 바비다비다

바비다비다비다

쌀 식단의 중심으로 피부관리를 시작해보세요

밥이 답이다

현대인의 생활솔루션 밥이 답이다

〈농림축산식품부 쌀소비촉진캠페인〉

펜은 칼보다 강하다!
펜보다 연필이 더 강하다!
지우개라는 겸손이 있으니까!

PART 2

핵심어의 선택과 반복·파생 언어유희

핵심어는 영어로 '키워드key word' 다. 즉, 일반어는 '워드' 이고, 핵심어가 '키워드' 인 것이다. 핵심어는 컨셉의 시작점이다. 따라서 핵심어를 찾기 위해서는 나무보다 숲 전체를 봐야 하고, 이를 위해 ①뒤지기(Finding)와 ②비교하기(Comparing), ③선택하기(Choosing)의 실천이 필요하다. 이 과정이 반복될수록 깊은 언어유희가 나온다.

반복은 광고의 기본이다. 당연히 핵심어가 반복이 된다.
여기에 파생이 추가되면서 컨셉이 갖추어진다.
예컨대 비락식혜의 [의리] 컨셉에서 '의리'라는 핵심어는 크게 주어와 술어로 구분된다.
[항아으리 - 신토부으리 - 마무으리]라는 아이디어가 추가됐을 때
비로소 [의리] 컨셉이 된다.
문재인의 [나라] 컨셉도 마찬가지다.
[나라를 나라답게], [나라다운 나라]로 반복, 파생된 것이 컨셉이다.
영화 타이틀 [좋은 놈 - 나쁜 놈 - 이상한 놈]은
'놈' 핵심어를 리듬감 있게 반복, 파생한 컨셉이다.
위의 사례들은 모두 글자 수와 의미, 발음, 리듬감 등을 고려하여
핵심어의 반복과 파생의 균형을 맞춘 컨셉이다.
반복하면 홍보효과가 커지지만,
단순 반복의 경우 홍보의 역효과가 나타날 수도 있다.
언어유희의 홍보효과는 시대성과 지역성, 상대성 등에 따라 달라진다.
따라서 핵심어의 선택과 반복·파생의 언어유희는
여러 상황을 종합적으로 고려한 균형적인 판단이 중요하다.

4장

"핵심어는 컨셉의 시작점이다!"

핵심어의 선택과 반복·파생 언어유희

A 1자 핵심어+ 컨셉

B 2자 핵심어+ 컨셉

C 4·4조 컨셉

D 2자 반복 4자성어+ 컨셉

E 2자 반복 순우리말+ 컨셉

F 반복음 창작 컨셉

A

1자 핵심어+ 컨셉

1자 핵심어+ 컨셉은 짧고 강한 메시지를 전달할 수 있다는 장점이 있다. 예컨대 오리온 초코파이는 [情+] 1자를 핵심어로 설정하고, 다각적인 [情 캠페인]을 통해 [오리온 초코파이=情]이라는 등식을 만들어 제품 차별화에 성공하였다. 그 외에 농심 신라면의 [매울辛+] 컨셉, 아모레퍼시픽 려 샴푸의 [한방 몸+] 컨셉, 알집 시리즈의 [알+] 컨셉, 곰플레이어 시리즈의 [곰+] 컨셉, [굿(Good)+] 컨셉, [뉴(New)+] 컨셉 등의 다양한 1자 사례들이 있다.

사례

01. **【정(情)+】** | 신(辛)+ | 려(呂)+ | 왕(王)+ | 진(眞)+ |**【기(氣)+】** | 력(力)+ | 인(人)+ | 족(族)+ | 청(淸)+ | 유(有)+ 정(情)+ | 심(心)+ | 자(自)+ | 반(半)+ | 별(別)+ || 알+ | 곰+ | 놈+ | 꾼+ | 나+ || 썸(some)+ | 맘(mom)+ | 굿(good)+ | 뉴(new)+ |

02. 큐(Q)+ | 씨(C)+ | 굿(Good)+ | 폼(Form)+ | 뉴(new)+ | 온(On)+ || 정(情)+ | 심(心) +| 기(氣)+ | 신(新)+ | 생(生)+ | 평(平)+ | 왕(王)+ | 통(痛, 通)+ | 쾌(快)+ | 무(無)+ | 화(化)+ | 적(的)+ || 길+ | 끝+ | 맛+ | 이+ | 밥+ | 찜+ | 죽+ | 참+ | 새+ | 첫+ | 더+ | 도+ | 두+ | 나+ |

03. 기(氣)+ | 력(力)+ | 수(水)+ | 감(感)+ | 소(燒)+ 맥(麥)+ | 면(面)+ || 폼(Form)+ | 윈(Win)+ || 나+ | 꿈+꾀+끼+깡+꼴+끈 | 잘+ | 더+ | 발+ | ~면+ |

01
네 이 밍

1자 핵심어

정(情)+

[情 나눔]

[다情다감]

[情.○.○]

[情 ○○○ 보내기]

[○○와 情을 맺다]

[○○한 情을 담다]

[한가위 情...]

[나는 당신의 情...]

【정(情)+】 컨셉은 우리의 정서와 잘 어울리는 **[정(情)] 자**를 중심으로 [情을 나누다], [情을 맺다], [情을 담다], [情이 넘치다], [情스럽다], [다情다감] 등의 다양한 [情+] 컨셉의 언어유희를 창작할 수 있다.

초코파이 정(情)

〈오리온, 1974~현재〉

【오리온 초코파이 情】 컨셉은 1974년 출시되어 세계 60여 국가에 수출을 통해 현재까지 약 162억 개를 판매하여 국내 제과업계 최초로 단일품목 1조원 매출을 돌파하였다. [情] 컨셉은 1980년대 경쟁사들의 동일제품 출시에 따른 위기상황에서 이미지 차별화를 위해 "말하지 않아도 알아요~"라는 휴머니즘 광고 30여 편과 각종 [情] 캠페인으로 위기를 극복하였다. 캠페인 사례들은 아래와 같다.

情나눔　　다정(情)다감

情.까.말 (情 까놓고 말하자)

100만개의 情 메시지 보내기

지구와 情을 맺다　　다정한 情을 담다

한가위 情 들고 가세요

나는 당신의 情입니다

情담아 〈정담아〉　ON情가게 〈온정가게〉　情이 넘치는 시장

애정 ← 열정 ← 온정 ← 인정 → 냉정 → 매정 → 몰인정

01
반복컨셉

1자 핵심어

① 우측의 [핵심어 반복] 컨셉 사례 응용 및 상상을 통한 네이밍

② 02 카피라이팅과 03 스토리텔링 사례의 추출을 통한 네이밍

③ TV CF 사이트 검색을 통한 새로운 네이밍 컨셉 찾기와 메모하기

신(辛)+ 컨셉

辛라면 辛라면컵 辛라면 큰사발... 〈농심〉

려(呂)+ 컨셉

呂샴푸 呂컨디셔너 呂에센스 〈아모레퍼시픽〉

왕(王)+ 컨셉

왕뚜껑 김치 왕뚜껑 짬뽕 왕뚜껑 〈팔도〉

진(眞)+ 컨셉

진라면 진짜장 진짬뽕 진짜쫄면 〈오뚜기〉

01 네 이 밍

1자 핵심어

기(氣)+

[기분 기력 기품 기백 기염 용기 패기 활기 원기 기운 음기 양기 혈기 원기 활기 끈기 독기 살기]

[냉기 한기 온기 열기 기상 기온 기후 기압 기류]

[기세등등 의기양양 천기누설]

【기(氣)+】 컨셉은 일상에서 자주 사용하는 [기(氣)] 자를 중심으로 [기가 살다], [기를 쓰다], [기가 막히다], [기분 좋다], [기세등등] 등의 다양한 대입을 통하여 창의적인 네이밍을 할 수 있다.

氣세일 〈홈플러스〉

氣의 고장 영암 〈영암군〉

청춘氣업 〈KT〉

氣막힌 한자 〈서울고시각〉

또한 일상에서 사용하는 아래의 기(氣) 자를 다양하게 활용할 수 있다.

기가 살다　기분이 좋다　기똥차다　기막히다　기고만장하다　긍정↑

기를 쓰다　기가 세다　기를 다스리다　기를 펴다

기가 죽다　기가 빠지다　기가 막히다　기절초풍하다

기가 차다　기가 막히다　기운이 없다　기진맥진하다　부정↓

기(氣)지개 클럽　氣체조 교실　홍삼원氣 〈인삼공사〉

기분 다스리기 〈다스리기〉　미움 받을 용기 〈인플루엔셜〉

은퇴남편 氣살리기 〈학지사〉

기세등등 생활18기술 〈무한〉

01 반복컨셉

1자 핵심어

① 우측의 [핵심어 반복] 컨셉 사례 응용 및 상상을 통한 네이밍

② 02 카피라이팅과 03 스토리텔링 사례의 추출을과 응용을 통한 네이밍

③ 각종 광고 사이트 검색을 통한 새로운 네이밍 컨셉 찾기

력(力)+ 컨셉

능력 학력 재력 이력 경력 실력

체력 시력 청력 근력 정력 활력

지구력 인내력 순발력

독해력 기억력 수리력

친화력 추진력 호소력

창의력 통찰력 잠재력 매력

인(人)+ 컨셉

자유인 문화인 평화인

족(族)+ 컨셉

웰빙족 보보스족 샐러던트족 모비드족

청(淸)+ 컨셉

청렴 청솔 청정 청수 청하

유(有)+ 정(情)+ 컨셉

5유와 5정 (자유 공유 여유 치유 사유

+ 긍정 우정 열정 애정 공정)

〈전남대 이무용 교수〉

01 네이밍

1자 핵심어 (한자 반복)

① 우측의 [핵심어 반복] 컨셉 사례 응용 및 상상을 통한 네이밍

② 02 카피라이팅과 03 스토리텔링 사례의 추출을과 응용을 통한 네이밍

③ TV CF 사이트 검색을 통한 새로운 네이밍 컨셉 찾기와 메모하기

심(心)+ 컨셉

진심안심 우유 〈농협하나로마트〉

안심진심 효도여행 〈하나투어〉

자(自)+ 컨셉

자생 자발 자족 〈트렌드 코리아 2012〉

반(半)+ 컨셉

물반 고기반 〈낚시예약앱〉

반반 커피

별(別)+ 컨셉

별별★★ 영상 〈MBC〉

별별세상 별별이야기

별의별 〈문학과지성사〉

01
반복컨셉

1자 핵심어 (우리말 반복)

① 우측의 [핵심어 반복] 컨셉 사례 응용 및 상상을 통한 네이밍

② 02 카피라이팅과 03 스토리텔링 사례의 추출을과 응용을 통한 네이밍

③ 다양한 사이트 검색을 통한 새로운 네이밍 컨셉 찾기와 메모하기

알+ 컨셉

알집 알약 알송 알씨 알툴바

알캡처 알드라이브 〈이스트소프트〉

곰+ 컨셉

곰플레이어 곰오디오 곰인코더

곰믹스 곰캠 곰TV 〈곰 컴패니〉

놈+ 컨셉

좋은놈 나쁜놈 이상한놈 〈바른손〉

징헌놈 권있는놈 허벌난놈 〈전남대 문화전문대학원〉

꾼+ 컨셉

소리꾼과 구경꾼의 만남 〈(재)원주문화재단〉

나+ 컨셉

나는 나로 살기로 했다 〈마음의 숲〉

01 네 이 밍

1자 핵심어 (영단어 반복)

① 우측의 [핵심어 반복] 컨셉 사례 응용 및 상상을 통한 네이밍

② 02 카피라이팅과 03 스토리텔링 사례의 추출을과 응용을 통한 네이밍

③ TV CF 사이트 검색을 통한 새로운 네이밍 컨셉 찾기와 메모하기

썸(Some)+ 컨셉

썸남썸녀 〈SBS 예능〉

썸&썸 〈tvN 코미디빅리그〉

썸타는 썸띵

맘(Mom)+ 컨셉

Mom's Mom 〈맘스맘〉

알파맘 베타맘 〈노마드북스〉

스칸디맘 vs 타이거맘 〈현대경제연구원〉

굿(Good)+ 컨셉

굿바이 뉴욕, 굿모닝 내사랑 〈콜롬비아픽처스〉

필링굿 필소굿

뉴(New)+ 컨셉

뉴스 뉴썸 〈뉴스앱〉

뉴뮤직 뉴히어로 〈장인호 앨범〉

02
반복컨셉

1자 핵심어
(영단어 반복)

① 우측의 [핵심어 반복] 컨셉 사례 응용 및 상상을 통한 카피라이팅

② 03 스토리텔링 사례의 추출 또는 01 네이밍 사례 확장을 통한 카피라이팅

③ 각종 광고 사이트 등의 검색을 통한 카피 컨셉 찾기와 메모하기

큐(Q)+ 컨셉

내 아이의 **아이큐 이큐**를 위한 **헤모큐** 〈대웅제약〉

씨(C)+ 컨셉

여기도 C 저기도 C ___비타민 C

굿(Good)+ 컨셉

불면 굿바이, 숙면 굿모닝!

폼(Form)+ 컨셉

생활의 폼이 바뀌다 생활플랫폼 〈SK 텔레콤〉

뉴(New)+ 컨셉

뉴페이스 뉴히어로 뉴스타트 뉴카니발 〈기아자동차〉

온(On)+ 컨셉

온드림 온챈스 온위시 온소울 온타임 렛츠고 온보이스 〈보아 미샤〉

02 카피라이팅

1자 핵심어 (한자 반복)

① 우측의 [핵심어 반복] 컨셉 사례 응용 및 상상을 통한 카피라이팅

② 03 스토리텔링 사례의 추출 또는 01 네이밍 사례 확장을 통한 카피라이팅

③ TV CF 사이트 등의 검색을 통한 카피 컨셉 찾기와 메모하기

정(情)+ 컨셉

情을 나누세요 오리온 초코파이 情 〈오리온〉

심(心)+ 컨셉

진心을 판다, 안心을 산다 〈농협하나로마트〉

기(氣)+ 컨셉

氣가 팍팍 기가(Giga) 산다 〈KT 올래〉

신(新)+ 컨셉

신차 살 땐 신차장 〈롯데렌터카〉

생(生)+ 컨셉

맛있는 맥주는 크림生수염을 남긴다, 크림生MAX 〈하이트 맥스〉

평(平)+ 컨셉

평화 올림픽 앞두고 평창 올림픽이냐?

평양 올림픽이냐? '평(平)론을박'

왕(王)+ 컨셉

푸짐해서 왕! 왕뚜껑 〈팔도 왕뚜껑〉

02 반복컨셉

1자 핵심어 (한자 반복)

① 우측의 [핵심어 반복] 컨셉 사례 응용 및 상상을 통한 카피라이팅

② 03 스토리텔링 사례의 추출 또는 01 네이밍 사례 확장을 통한 카피라이팅

③ 각종 광고 사이트 등의 검색을 통한 카피 컨셉 찾기와 메모하기

통(痛, 通)+ 컨셉

두통 치통 생리통엔~ 맞다 게보린 〈삼진제약〉

소통 불통 먹통

의사소통 운수대통 만사형통

쾌(快)+ 컨셉

메이킨으로 유쾌 상쾌 통쾌 〈명인제약〉

쾌변 쾌청 쾌활

무(無)+ 컨셉

無농약 無방부제 無색소

無진단 無심사 無배당 라이나실버보험 〈라이나생명〉

화(化)+ 컨셉

단순화 시각화 모바일화

적(的)+ 컨셉

창의적 도전적 열정적 〈전남 성공농업이야기〉

02 카피라이팅

1자 핵심어 (우리말 반복)

① 우측의 [핵심어 반복] 컨셉 사례 응용 및 상상을 통한 카피라이팅

② 03 스토리텔링 사례의 추출 또는 01 네이밍 사례 확장을 통한 카피라이팅

③ TV CF 사이트 등의 검색을 통한 카피 컨셉 찾기와 메모하기

길+ 컨셉

자갈길, 오솔길, 돌산길, 도심길 어떤 길도 자유롭다 〈네파〉

끝+ 컨셉

풍미의 끝 선별의 끝 식감의 끝 가격의 끝 〈이마트 삼결살〉

맛+ 컨셉

낚시의 3맛, 손맛 눈맛 입맛을 즐겨라! 〈물반 고기반〉

이+ 컨셉

이가 탄탄 이가탄 〈명인제약〉

밥+ 컨셉

밥보다 더 맛있는 밥 〈햇반〉

찜+ 컨셉

찜닭을 찜하자 〈마녀찜닭〉

죽+ 컨셉

죽 쑬뻔한 인생 죽 쒀서 성공했다 〈본죽 김태호 대표〉

02
반복컨셉

1자 핵심어 (우리말 반복)

① 우측의 [핵심어 반복] 컨셉 사례 응용 및 상상을 통한 카피라이팅

② 03 스토리텔링 사례의 추출 또는 01 네이밍 사례 확장을 통한 카피라이팅

③ 각종 광고 사이트 등의 검색을 통한 카피 컨셉 찾기와 메모하기

참+ 컨셉

참좋은 참이슬 〈참이슬〉

참 순수한 ______ 참 깨끗한 ______ 참 깔끔한 ______

새+ 컨셉

새봄 새 세상 새 시작 〈박원순 서울시장 신년사〉

첫+ 컨셉

첫 사냥 첫 고백 첫 모험 〈루나온라인〉

더+ 컨셉

더더더 듣겠습니다 더더더더더 뛰겠습니다 더불어민주당 〈더불어민주당〉

도+ 컨셉

어제도 오늘도 내일도 강원도 〈정철 카피책〉

두+ 컨셉

너두 나두 모두 야나두 〈야나두 영어〉

나+ 컨셉

혹시나 역시나 미우나 고우나 너와나

03
스토리텔링

1자 핵심어 (한자 반복)

① 우측의 〈출처〉 CM을 시청한 후, [핵심어 반복] 컨셉 사례 응용을 통한 스토리텔링

② 02 카피라이팅 또는 01 네이밍 사례 확장을 통한 스토리텔링

③ TV CF 광고 사이트 검색을 통한 스토리 컨셉 찾기와 메모하기

기(氣)+ 컨셉

용기

패기

혈기

호기

끈기

꿈꿔라 청춘아 힘내라 청춘아

〈공익광고협의회, 꿈꿔라 청춘아〉

력(力)+ 컨셉

열정이 솟구치는 **점프力**

사람들을 움직이는 **호소力**

내일이 기대되는 **잠재力**

늘 한결같은 **지구力**

〈한국수력원자력, 대한민국의 힘〉

수(水)+ 컨셉

냉수

온수

정수

모두 **직수**

모든 물이 **직수**

모든 물이 퓨리

〈LG 퓨리케어 정수기〉

03 반복컨셉

1자 핵심어 (한자 반복)

① 우측의 〈출처〉 CM을 시청한 후, [핵심어 반복] 컨셉 사례 응용을 통한 스토리텔링

② 02 카피라이팅 또는 01 네이밍 사례 확장을 통한 스토리텔링

③ 유튜브와 광고 사이트 검색을 통한 스토리 컨셉 찾기와 메모하기

감(感)+ 컨셉

감동

감격

감탄

감자탕

〈농심 감자탕면〉

소(燒)+ 맥(麥)+ 컨셉

술 한 잔 할까?

좋아!

삼소 (삼겹살 소주)

회소 (회 소주)

곱소 (곱창 소주)

탕소 (탕수육 소주)

쭈소 (쭈꾸미 소주)

술자리엔 상쾌환!

피맥 (피자 맥주)

감맥 (감자칩 맥주)

노맥 (노가리 맥주)

양맥 (양꼬치 맥주)

치맥 (치킨 맥주)

술자리엔 상쾌환!

빠른 숙취해소 상쾌환!

〈삼양사 큐원 상쾌환〉

면(面)+ 컨셉

앞면 앞면 뒷면 뒷면

앞면 뒷면 앞면 뒷면

옆면 옆면 옆면...

〈현대카드 컬러코어편〉

03 스토리텔링

1자 핵심어 (영단어 반복)

① 우측의 〈출처〉 CM을 시청한 후, [핵심어 반복] 컨셉 사례 응용을 통한 스토리텔링

② 02 카피라이팅 또는 01 네이밍 사례 확장을 통한 스토리텔링

③ TV CF 광고 사이트 검색을 통한 스토리 컨셉 찾기와 메모하기

폼(Form)+ 컨셉

신나는 폼

분위기 있는 폼

슬픈 폼

힘찬 폼

새로운 폼

훌륭한 폼 하나가

새로운 생활을 만든다

생활플랫폼

폼잡아 봐라

폼잡아 봐라

이제 T맴버십으로 폼 좀 잡으세요

이번엔 또 어떤 폼이냐구요?

맴버십을 쓰면 데이터가 생기는 폼

생각만 해도 폼나지 않나요?

맴버십의 폼을 바꾸다

생활플렛폼

〈SK텔레콤 생활플렛폼〉

윈(Win)+ 컨셉

WINDOW

WINDO

WIND

WIN

글로벌 창호의 기준을 지운다

WIN

WINC

WINCH

WINCHE

더 엄격한 창호의 기준을 세운다

대한민국 윈도우 체인지

윈체

〈윈체TVC 기술력편〉

03 반복컨셉

1자 핵심어 (우리말 반복)

① 우측의 〈출처〉 CM을 시청한 후, [핵심어 반복] 컨셉 사례 응용을 통한 스토리텔링

② 02 카피라이팅 또는 01 네이밍 사례 확장을 통한 스토리텔링

③ 유튜브와 광고 사이트 검색을 통한 스토리 컨셉 찾기와 메모하기

나+ 컨셉

이런 옷을 입거나

저런 옷을 입거나

반려자와 살거나

반려묘와 살거나

아이를 키우거나

커리어를 키우거나

나 모두가 소중한 나입니다

나를 위한다면 물론 머시론

〈머시론, 소중한 나〉

깜짝 놀란 나

감동한 나

즐거운 나

행복한 나

세상의 모든 나들의 행복을 위해

〈하나금융그룹〉

꿈+꾀+끼+깡+꼴+끈+ 컨셉

꿈, 원대한 꿈 Dream

꾀, 최고의 지혜 꾀 Knowledge

끼, 숨은 재능 끼 Talent

깡, 포기하지 않는 깡 Passion

꼴, 나만의 스타일 꼴 Style

끈, 네트워크의 끈 Network

〈전남대 강신겸 교수〉

03 스토리텔링

1자 핵심어 (우리말 반복)

① 우측의 〈출처〉 CM을 시청한 후, [핵심어 반복] 컨셉 사례 응용을 통한 스토리텔링

② 02 카피라이팅 또는 01 네이밍 사례 확장을 통한 스토리텔링

③ TV CF 사이트 등 검색을 통한 스토리 컨셉 찾기와 메모하기

잘+ 컨셉

나 김희선에게 지금 필요한 건

잘 자고

잘 먹고 잘 놀고

잘 가꾸고 잘 일하고

잘 사는 것이기에

잘 만들어진 제품으로

시작하자! GNC

Live Well GNC

〈GNC 동원F&B〉

더+ 컨셉

더더더더더

더 더 더더 더더더

지난 한 해

더 열심히

더 바쁘게

더 뜨겁게 사셨죠?

롯데카드 회원이라면

연말정산만큼은 더 받으세요

직장인 자영업자 주부 누구나

최대 45만 포인트까지 더 받는

롯데카드 연말정산

더 받는 프로젝트

〈롯데카드 더 받는 프로젝트〉

03 반복컨셉

1자 핵심어 (우리말 반복)

① 우측의 〈출처〉 CM을 시청한 후, [핵심어 반복] 컨셉 사례 응용을 통한 스토리텔링

② 02 카피라이팅 또는 01 네이밍 사례 확장을 통한 스토리텔링

③ 유튜브와 광고 사이트 검색을 통한 스토리 컨셉 찾기와 메모하기

발+ 컨셉

더 좋은 **신발**의

발견을 위해

발품을 아끼지 말자

우리가 만드는 **신발**의

발전을 위해

발상을 멈추지 말자

모든 우리의

발걸음이 행복에 닿는

발돋움이 되도록

한발 앞서 모으고 만들자

단 한명을 위한 세상의 모든 **신발**

ABC 마트

〈ABC 마트, 2018 기업광고〉

~면+ 컨셉

프로바이오틱스

알아보면

먹어보면

경험해보면

듀오락은 달라

대한민국 NO.1 프로바이오틱스

듀오락

〈듀오락, 신민아〉

B

2자 핵심어+ 컨셉

2자 핵심어+ 컨셉은 사람 이름과 기업명, 브랜드명 등 글자 수에서 가장 많이 사용되고 있는 컨셉이다. 대표적인 사례로 비락식혜의 [의리] 컨셉은 '의리'에서 끝나지 않고 '의리'와 '으리'를 묶어 [의리-으리] 컨셉을 창출하였다. 또 카피라이터 정철의 [나라다운 나라], [나라를 나라답게]의 [나라] 컨셉도 '이게 나라냐'의 구호를 연결한 언어유희의 사례이다.

사례

01. **[의리+]+ S 분석** | 열린+ | 해석+ | 명품+ | 틈새+ | 바로+ | 러브+ | 해피+ | 허니+ | 와이+ | 정석+ | 기적+ |

02. **[나라+]** | 우리+ | 생각+ | 하나+ | 처음+ | 마음+ | 누리+ | 마루+ || 좋은+ | 옳은+ | 같은+ | 오직+ | 더큰+ | 더욱+ | 아주+ | 다시+ | ~하게+ | ~으로+ | ~처럼+ | ~보면+ | ~바로+ || 생생(生生)+ | 최고(最高)+ | 집중(集中)+ | 공부(工夫)+ | 반대(反對)+ | 대한(大韓)+ | 무한(無限)+ | 세수(洗手)+ || 마드(Mart)+ | 라인(Line)+ | 모닝(Morning)+ | 웨이(Way)+ | 프리(Free)+ | 도그(dog)+ | 터치(Touch)+ | 키스(Kiss)+ | 뷰티(Beauty)+ |

03. 안녕(安寧)+ | 묵념(默念)+ | 터치(Touch)+ | 해피(Happy)+ | 바람+ | 바로+ |

★ 사례모음: 2×2조 말장난 스토리텔링

간장 공장 공장장은 | 내가 그린 기린 그림 | 말맬 말뚝 말 못맬 말뚝 | 들의 깐콩깍지 밭의 안깐 콩깍지 | 경찰청 외쇠창살 검찰청 쌍쇠창살 | 숲속 쇠솥장수 숲사이 무쇠솥장수 |

01

네 이 밍

2자 핵심어

의리+

[ㅇㅇ으리]

[ㅇㅇㅇ으리]

[ㅇㅇ으리ㅇㅇ]

[으리ㅇ]

[으리ㅇㅇ]

【의리+】 컨셉은 [항아으리], [신토부으리], [마무으리] 등의 언어유희와 스토리텔링의 창작으로 CM 광고 중 최고의 성과를 거둔 사례로 평가받고 있다. 또한 '의리=김보성'이라는 시각적 이미지의 일치의 추가로 언어유희의 시너지 효과가 나타났다.

【의리+】 → 항아으리, 신토부으리, 238미으리, 회오으리, 아메으리카노, 으리집 으리음료, 마무으리

〈팔도 비락식혜, 2014〉

1993년에 출시된 팔도 비락식혜는 20년이 지나면서 올드한 전통음료로 인식되었다. 그러나 2014년 '의리 김보성'의 '의리' 언어유희 광고 한 편으로 유튜브 조회수 300만 건 돌파하고, 일명 '의리 신드롬'을 일으키며 연 매출액이 30% 이상 크게 성장하는 성과를 거두었다.

전통의 맛이 담긴 **항아으리** (항아리)

그래 **신토부으리** (신토불이)

회의할 때 다같이 238 **미으리** (238 ml)

놀랍지 않나? 비락식혜엔 컵도 있지! **회오으리** (회오리)

아메으리카노 (아메리카노) 대신 몸에 대한 의리

으리집 으리음료 (우리집 의리음료)

마무으리 (마무리)

【의리+】 CM의 언어유희 스토리텔링 분석

컨셉	V/A	카피 + 이미지 스토리텔링			
기 "의리 주인공 등장"		의리의 김보성 등장 ——→			
	video				
	자막	×	×	×	
	audio	*이얏~*	*윽~*		
승 "몸에 해로운 성분이 없는 음료"		화학 첨가물 없음 강조 ——→			
	video				
	자막	탄산도	카페인도	색소도	없다
	audio	*탄산도*	*카페인도*	*색소도*	*없다*
전 "몸에 좋은 신토불이 의리음료"		국산 쌀과 건강 강조 ——→	전통의 맛을 강조 ——→		
	video				
	자막		우리 몸에 대한 의리	항아으리	신토부으리
	audio	*그래서 있다*	*우리 몸에 대한 의리*	*항아으리*	*신토부으리*
결 "의리음료 비락식혜"		제품 강조 ——→			
	video				
	자막	마무으리	비락식혜		
	audio	*마무으리*	*비락식혜*		

〈출처: www.youtube.com, 팔도 비락식혜, 1분41초〉

※ 스토리텔링 요점: 주인공(김보성)의 '의리' + 신토불이 '의리' = 건강음료 '의리'(비락식혜)

【의리+】 이미지(주인공 액션+소품+장소) 컨셉의 비밀

스토리	이미지	주인공 액션	소품	장소
기		곳간문 발차기	선글라스	
승		쌀가마 **때리기**	쌀가마	
전		전통 재료 **들기** + **마시기**	항아리 표주박 비락식혜	창고 (액션 장소) ↓ 쌀 곳간
결		비락식혜 **잡기**	비락식혜	

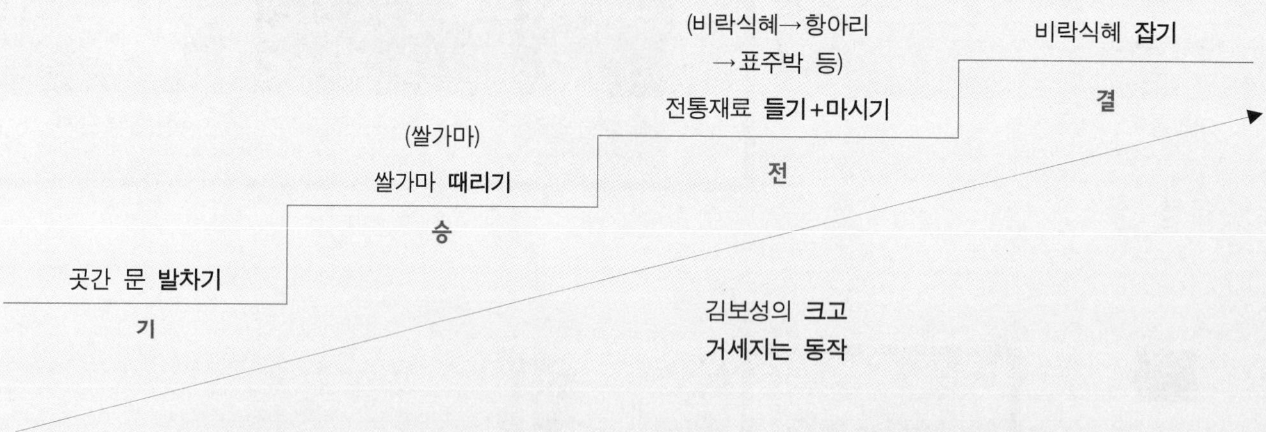

그밖에 자막의 서체(font)에서 시각적인 기승전결이 있다. 전반부의 '탄산도', '카페인도' 등에서는 얇은 [고딕체]인데, 후반부의 '의리', '항아으리', '신토부으리' 등에서는 두꺼운 [궁서체]로 바뀐다. 서체 사이즈도 후반부로 갈수록 커지면서 자막의 몰입도를 높였다.

펜은 칼보다 강하다!
펜보다 연필이 더 강하다!
지우개라는 겸손이 있으니까!

01
네 이 밍

2자 핵심어 (우리말 반복)

① 우측의 [핵심어 반복] 컨셉 사례 응용 및 상상을 통한 네이밍

② 02 카피라이팅과 03 스토리텔링 사례의 추출을 통한 네이밍

③ TV CF 사이트 검색을 통한 새로운 네이밍 컨셉 찾기와 메모하기

열린+ 컨셉

열린 TV 열린 세상 〈MBN〉

해석+ 컨셉

해석의 재해석 〈트렌드 코리아 2012〉

명품+ 컨셉

명품 속의 명품

틈새+ 컨셉

틈새의 틈새를 찾아라 〈트렌드 코리아 2012〉

01 반복컨셉

2자 핵심어 (시리즈 반복)

① 우측의 [핵심어 반복] 컨셉 사례 응용 및 상상을 통한 네이밍

② 02 카피라이팅과 03 스토리텔링 사례의 추출을 통한 네이밍

③ 광고 사이트 검색을 통한 새로운 네이밍 컨셉 찾기와 메모하기

허니+ 컨셉

허니버터칩 | 허니통통 | 허니아몬드 크래커 〈해태제과〉

와이+ 컨셉

Why? 인체 | Why? 우주 | Why? 드론... 〈예림당〉

정석+ 컨셉

수학의 정석 미적분 | 수학의 정석 확률과 통계 〈홍성대〉

기적+ 컨셉

영어회화 100일의 기적 | 여행영어 100일의 기적 〈넥서스〉

02
카피라이팅

2자 핵심어
나라+

[이게 나라냐?]

[나라를 나라답게]

[나라다운 나라]

【나라+】 컨셉은 2016년 촛불집회에서 [이게 나라냐]라는 구호에 의해 시작되었다. 2017년 대선에서 이 구호를 활용하여 [나라를 나라답게] 카피가 개발되었고, [나라다운 나라]가 등장하면서 **【나라+】** 컨셉이 꼬리에 꼬리를 무는 언어유희가 되었다.

나라를 나라답게 - 나라다운 나라

〈더불어민주당 대통령선거 슬로건, 2017〉

다음은 이 슬로건을 창작한 정철 카피라이터의 소회이다. "가장 큰 일은 슬로건을 만드는 일이었다. '국민이 국가다', '정의가 잘사는 나라' 같은 대안이 있었지만, 결국 [나라를 나라답게]로 확정되었다. 이게 나라냐? 묻는 국민에게 대답하는 슬로건이었다. 가장 안정감 있는 슬로건이다. 지난 대선 슬로건 "사람이 먼저다"가 후보의 철학을 우선한 슬로건이라면, 이번엔 국민이 듣고 싶어 하는 목소리가 먼저였다. 처음엔 후보가 자꾸 [나라를 나라답게]를 [나라다운 나라]로 말씀하셔서 애를 먹기도 했다. 뜻은 같지만 맛은 많이 다르다..."

〈출처: 문재인 카피라이터의 긴 이야기, 정철(2017)〉

우리나라 좋은나라　　　먼나라 이웃나라 〈김영사〉

02 반복컨셉

2자 핵심어 (우리말 반복)

① 우측의 [핵심어 반복] 컨셉 사례 응용 및 상상을 통한 카피라이팅

② 03 스토리텔링 사례의 추출 또는 01 네이밍 사례 확장을 통한 카피라이팅

③ TV CF 광고 사이트 등의 검색을 통한 카피 컨셉 찾기와 메모하기

우리+ 컨셉

우리나라 우리은행 〈우리은행〉

생각+ 컨셉

당신의 생각을 생각합니다 〈일룸〉

하나+ 컨셉

우리는 하나다 대한민국은 하나다 하나은행 〈하나은행〉

처음+ 컨셉

처음엔 처음처럼 〈롯데주류〉

처음부터 끝까지 부드러운 처음처럼 〈신용복 돌베개〉

마음+ 컨셉

마음을 준다는 건 전부를 준다는 것, 마음이 합니다 〈현대해상〉

누리+ 컨셉

온누리 다누리 나누리 오누리 상품권 〈전국가맹전통시장〉

마루+ 컨셉

해태 3마루, 호두마루 체리마루 초코마루 〈해태제과〉

02
카피라이팅

2자 핵심어 (우리말 반복)

① 우측의 [핵심어 반복] 컨셉 사례 응용 및 상상을 통한 카피라이팅

② 03 스토리텔링 사례의 추출 또는 01 네이밍 사례 확장을 통한 카피라이팅

③ 각종 광고 사이트 등의 검색을 통한 카피 컨셉 찾기와 메모하기

좋은+ 컨셉

좋은 날엔 좋은데이 〈무학 좋은데이〉

옳은+ 컨셉

옳은 판단 옳은 우유 〈남양유업〉

같은+ 컨셉

같은 곳을 봅니다 같은 꿈을 꿉니다 같은 길을 갑니다 〈정철 카피책〉

오직+ 컨셉

오직 시민! 오직 시흥!

더큰+ 컨셉

더 큰 책임 더 큰 정의 〈정의당 슬로건〉

더욱+ 컨셉

더욱 진한 국물 더욱 쫄깃한 면발 〈팔도 왕뚜껑〉

아주+ 컨셉

아주 아주 듣고 싶은 대답 아주 캐피탈 〈아주캐피탈〉

02 반복컨셉

2자 핵심어 (우리말 반복)

① 우측의 [핵심어 반복] 컨셉 사례 응용 및 상상을 통한 카피라이팅

② 03 스토리텔링 사례의 추출 또는 01 네이밍 사례 확장을 통한 카피라이팅

③ TV CF 광고 사이트 등의 검색을 통한 카피 컨셉 찾기와 메모하기

다시+ 컨셉

다시 찾아온 여름, 다시 찾은 대한민국 〈한국관광공사 여름 편〉

~하게+ 컨셉

장바구니는 푸짐하게! 가격은 홀쭉하게! 〈이마트 기획전〉

쫀쫀하게 뽀득하게 촉촉하게 〈해피바스〉

~으로+ 컨셉

우즈벡은 늪으로! 우리는 4강으로! 〈축구협 응원구호〉

~처럼+ 컨셉

생활은 스포츠처럼, 삶은 레저처럼 〈대선〉

~보면+ 컨셉

알아보면 먹어보면 경험해보면 듀오락은 달라 〈듀오락〉

~바로+ 컨셉

곧바로 똑바로 지금바로 ALL바로 〈새마을금고〉

02
카피라이팅

2자 핵심어 (한자 반복)

① 우측의 [핵심어 반복] 컨셉 사례 응용 및 상상을 통한 카피라이팅

② 03 스토리텔링 사례의 추출 또는 01 네이밍 사례 확장을 통한 카피라이팅

③ 각종 광고 사이트 등의 검색을 통한 카피 컨셉 찾기와 메모하기

생생(生生)+ 컨셉

생생한 참치! 사조 생생 참지 〈사조 생생참치〉

최고(最高)+ 컨셉

최고는 최고를 알아본다 〈굿몰〉

집중(集中)+ 컨셉

집중에 집중하다 〈현대캐피탈〉

공부(工夫)+ 컨셉

공부보다 중요한 것을 공부합니다 〈정철 카피책〉

반대(反對)+ 컨셉

좋은 반대 옳은 반대 착한 반대 〈정철 카피책〉

02
반복컨셉

2자 핵심어
(한자 반복)

① 우측의 [핵심어 반복] 컨셉 사례 응용 및 상상을 통한 카피라이팅

② 03 스토리텔링 사례의 추출 또는 01 네이밍 사례 확장을 통한 카피라이팅

③ TV CF 광고 사이트 등의 검색을 통한 카피 컨셉 찾기와 메모하기

대한(大韓)+ 컨셉

大한민국 大~한TV 〈삼성전자〉

대한사람 대한맥주 〈대한맥주〉

무한(無限)+ 컨셉

무한사랑 무한책임 추미애 〈추미애 홈페이지〉

세수(洗手)+ 컨셉

세수 후엔 코세수 〈피지오머〉

02
카피라이팅

2자 핵심어 (영단어 반복)

① 우측의 [핵심어 반복] 컨셉 사례 응용 및 상상을 통한 카피라이팅

② 03 스토리텔링 사례의 추출 또는 01 네이밍 사례 확장을 통한 카피라이팅

③ 각종 광고 사이트 등의 검색을 통한 카피 컨셉 찾기와 메모하기

마트(Mart)+ 컨셉

언제 어디서나 스마트 이마트 〈이마트〉

라인(Line)+ 컨셉

성공한 여자의 립라인 핫라인

모닝(Morning)+ 컨셉

어디서나 굿모닝 쇼미더모닝 〈기아자동차 모닝〉

웨이(Way)+ 컨셉

더 맛있는 나만의 써브웨이 리얼웨이 써브웨이 〈써브웨이〉

프리(Free)+ 컨셉

데이터 FREE 콘텐츠 FREE 〈SRT〉

도그(dog)+ 컨셉

그래봤자 핫도그 그렇다면 닭도그 〈닭도그〉

터치(Touch)+ 컨셉

터치 터치 메디터치 〈일동제약〉

02 반복컨셉

2자 핵심어 (영단어 반복)

① 우측의 [핵심어 반복] 컨셉 사례 응용 및 상상을 통한 카피라이팅

② 03 스토리텔링 사례의 추출 또는 01 네이밍 사례 확장을 통한 카피라이팅

③ 각종 광고 사이트 등의 검색을 통한 카피 컨셉 찾기와 메모하기

키스(Kiss)+ 컨셉

키스가 푸딩맛일까 푸딩이 키스맛일까 〈쁘띠첼〉

뷰티(Beauty)+ 컨셉

상식의 뷰티, 뷰티의 상식 〈ONSTYLE〉

OK+ 컨셉

묻지도 않고 OK 따지지도 않고 OK 〈라이나 OK 실버보험〉

03 스토리텔링

2자 핵심어 (한자 반복)

① 우측의 〈출처〉 CM을 시청한 후, [핵심어 반복] 컨셉 사례 응용을 통한 스토리텔링

② 02 카피라이팅 또는 01 네이밍 사례 확장을 통한 스토리텔링

③ TV CF 사이트와 유튜브 검색을 통한 스토리 컨셉 찾기

안녕(安寧)+ 컨셉

새해에도 모두 편안한 상태

안녕하새우

안녕하쌤(선생님)

안녕하슈(슈즈)

안녕하삼(산삼)

안녕하셔(시다 셔)

안녕하모니카

안녕하새(조류 새)

안녕하게(바다 게)

안녕하군(청년 군)

안녕하자(줄 자)

새해에도 모두모두 안녕하세요

아무 탈없이 편안한 상태

안녕하시계

안녕하랴(이랴~)

안녕하마(동물 하마)

안녕하쥬(zoo)

안녕한감(과일 감)

안녕하구려(방구)

안녕한걸(Girl)

안녕하면(면발 면)

안녕하오(중국 ~하오)

안녕하레도(..파미레도)

모두모두 오래오래 안녕하세요

〈삼성생명, 안녕하세요〉

묵념(默念)+ 컨셉

잃어버린 [대화]에 대한 묵념

잃어버린 [가족]에 대한 묵념

잃어버린 [열정]에 대한 묵념

잃어버린 [관심]에 대한 묵념

스마트폰으로 잃어버린 것들에 대한 묵념

고개를 들면 소중한 사람, 소중한 순간들이

당신 곁에 있습니다.

〈공익광고협의회, 스마트폰 중독 묵념 편〉

03
반복컨셉

2자 핵심어 (영단어 반복)

① 우측의 〈출처〉 CM을 시청한 후, [핵심어 반복] 컨셉 사례 응용을 통한 스토리텔링

② 02 카피라이팅 또는 01 네이밍 사례 확장을 통한 스토리텔링

③ 유튜브와 TV CF 사이트 검색을 통한 스토리 컨셉 찾기

터치(Touch)+ 컨셉

상처에는 터치터치 메디터치해 터치

부드럽게 터치터치 메디터치해 터치

이런 상처 저런 상처 터치터치해

다같이 터치터치 메디터치

상처엔 부드럽게 메디터치

〈일동제약 메디터치(로고송)〉

해피(Happy)+ 컨셉

요즘 모기

지긋지긋지긋해

EVERY BODY

해피해피 해피홈

집에서도 밖에서도 해피홈

EVERY BODY

해피해피 해피홈

〈유한양행 해피홈(로고송)〉

03 스토리텔링

2자 핵심어 (우리말 반복)

① 우측의 〈출처〉 CM을 시청한 후, [핵심어 반복] 컨셉 사례 응용을 통한 스토리텔링

② 02 카피라이팅 또는 01 네이밍 사례 확장을 통한 스토리텔링

③ 유튜브와 광고 사이트 검색을 통한 스토리 컨셉 찾기와 메모하기

바람+ 컨셉

우리 모두는 누군가의 **바람**이었다

20년 경력 **바람의 전설** OOO

어쩌다보니 **바람의 신동** OOO

태풍도 막는 **바람막이** OOO

철벽도 무너뜨리는 **바람의 여신** OOO

갈수록 환장!

들키면 끝장!

영화 바람 바람 바람

〈하이브미디어코프〉

바로+ 컨셉

복잡한 과정 없이 새마을금고에서

곧**바로**

더 든든한 상품으로 보장을

똑**바로**

전국 어디서나 편하게

지금**바로**

보험을

ALL**바로**

MG새마을금고보험

〈MG새마을금고보험, 보험을 바로 만들다〉

펜은 칼보다 강하다!
펜보다 연필이 더 강하다!
지우개라는 겸손이 있으니까!

사례 모음

간장 공장 공장 장은 컨셉

간장 공장 공장 장은 강공장장이고,
된장 공장 공장 장은 장공장장이다.

→ 간장 공장 공장장 강공장장님, 간장 복잡해서 못고르겠어요
진 간장 양조 간장 조선 간장 혼합 간장 아 복잡해 간장? 젠장! 〈대상 청정원〉

내가 그린 기린 그림 컨셉

내가 그린 기린 그림은 긴 기린 그림이고,
니가 그린 기린 그림은 안긴 기린 그림이다.

→ 내가 그린 구름 그림은 새털 그린 구름그림이고,
니가 그린 구름 그림은 깃털 그린 구름 그림이다.

→ 내가 그린 가그린은 [스트롱] 가그린이고
내가 그린 가그린은 [알콜제로] 가그린이고 내가 그린 가그린은
[잇몸케어] 가그린이고 내가 그린 가그린은
[치석케어] 가그린이다 〈동아제약〉

2×2조 말장난 스토리텔링

말맬 말뚝 말 못맬 말뚝 컨셉

저기 있는 말뚝이 말 맬 말뚝이냐?

말 못 맬 말뚝이냐?

→ 앞뜰 말 옆 말뚝이 말맬말뚝이냐?

뒤뜰 말 옆 말뚝이 말안맬말뚝이냐?

→ 앞뜰 뜀틀이 내가 뛸 뜀틀인가?

뒤뜰 뜀틀이 니가 안뛸 뜀틀인가?

들의 깐콩깍지 밭의 안깐 콩깍지 컨셉

경찰청 외쇠창살 검찰청 쌍쇠창살 컨셉

숲속 쇠솥장수 숲사이 무쇠솥장수 컨셉

C

4·4조 컨셉

4·4조 컨셉은 네 음절을 가진 한 쌍이 하나의 시구를 이루는 음수율을 이용하는 기획이다. 주로 시나 시조와 같이 리듬(rhythm)이 있는 문장에 4·4조를 사용하고, 표어에서 자주 사용된다. 대표적인 표어의 사례는 [자나깨나 불조심 꺼진불도 다시보자], [딸 아들 구별말고 둘만낳아 잘기르자] 등이 있다. 인터넷에 '표어 공모전 수상작' 등을 검색하면 다양한 4·4조의 사례를 찾을 수 있다.

사례

02. 표어 (자나깨나 / 불조심 / 꺼진불도 / 다시보자) |
단문형 사사조 | 대구형 사사조 | 명사형 사사조 | 위인 명언 사사조 |

03. 사사조 시조 | 4자성어 사사조 | 4자성어 해석 사자조 |

02 카피라이팅

4·4조

표어

[자나깨나 / 불조심
꺼진불도 / 다시보자
=
○○○○ / ○○○○
○○○○ / ○○○○]

【사사조(四四調)】 컨셉은 풍수를 즐기는 우리 조상들이 시조에서 기본 음수율로 사사조를 사용한 것에서 비롯됐다. 현재는 표어에서 자주 사용하며, 슬로건, 캐치프레이즈 등의 카피로도 활용할 수 있다.

자나깨나 / 불조심 / 꺼진불도 / 다시보자

자나깨나 불조심
꺼진불도 다시보자

위 사례는 우리나라에서 가장 오랫동안 사용되고 있고, 국민의 뇌리에 남아있는 표어이다. 이 표어가 등장한 이유는 1960년~70년대의 잦은 겨울철 화재사고 때문이었다. 특히 1971년 12월 25일, 당시 최첨단 시설을 자랑하던 대연각 호텔에서 164명 사망이라는 사상 최악의 화재사고가 '불조심 표어 공모전'이 탄생한 결정적 계기가 되었다...

〈TBC 시간여행, 2011〉

아래는 그 시절의 상황을 짐작할 수 있는 사사조 컨셉의 표어 사례이다.

딸 아들 / 구별말고 / 둘만낳아 / 잘기르자

개같이 / 공부해서 / 정승같이 / 살아보세

내힘으로 / 졸업하여 / 자랑스런 / 자식되자

02 반복컨셉

4·4조 (표어)

① 우측의 [표어] 컨셉 사례 응용 및 상상을 통한 카피라이팅

② 표어 공모전 수상작 등의 검색을 통한 카피 컨셉 찾기와 메모하기

단문형 사사조 컨셉

작은불도 / 크게보고 / 꺼진불도 / 다시보자

〈육군본부〉

클린경영 / 감동경영 / 무역4강 / 앞당긴다

〈한국무역협회 표어 공모전 수상작〉

정직하게 / 만든신문 / 밝은미래 / 약속한다

〈신문의날 표어공모전 수상작〉

잘잠궈둔 / 문짝하나 / 개열마리 / 안부럽다

〈출처 미상〉

대구형 사사조 컨셉

독자앞엔 / 등불처럼 / 세상앞엔 / 거울처럼

〈신문의날 표어 공모전 수상작〉

미리해요 / 재난예방 / 지금해요 / 안전점검

〈재난대응 안전한국 표어 수상작〉

수돗물이 / 졸졸졸졸 / 수도요금 / 후덜덜덜

〈바른생활 큰 표어〉

눈딱감고 / 논문표절 / 눈떠보니 / 안절부절

〈카이스트 논문표절 표어 공모전 수상작〉

02
카피라이팅

4·4조
(표어)

① 우측의 [표어] 컨셉 사례 응용 및 상상을 통한 카피라이팅

② 표어 공모전 수상작 등의 검색을 통한 카피 컨셉 찾기와 메모하기

명사형 사사조 컨셉

바른실천 / 전기사용 / 화재예방 / 감전예방

〈대구교육청 안전분야 공모전 수상작〉

희생으로 / 지킨나라 / 피어나는 / 희망의꽃

〈나라사랑 통일포스터 수상작〉

입양으로 / 더한가족 / 사랑으로 / 더한행복

〈입양문화 홍보콘텐츠공모전 수상작〉

품격가득 / 행복익산 / 감동가득 / 전국체전

〈익산시 전국체전 표어 공모전 수상작〉

동참하는 / 화재예방 / 동행하는 / 행복미래

〈충주 소방안전 표어 공모전 수상작〉

내가먼저 / 건넨인사 / 돌아오는 / 밝은미소

우리아이 / 무단횡단 / 평상시의 / 나의습관

〈일산경찰서 교통안전 표어 공모전 수상작〉

민주선거 / 1948 / 우리동네 / 2018

〈수원 선거연수원〉

02
반복컨셉

4·4조 (명언)

① 우측의 [위인 명언] 컨셉 사례 응용 및 상상을 통한 카피라이팅

② 우리나라 위인의 명언 검색을 통한 카피 컨셉 찾기와 메모하기

위인 명언 사자조 컨셉

약무호남 / 시무국가 (若無湖南 是無國家)

〈호남이 없으면 나라도 없다, 이순신〉

금신전선 / 상유십이 (今臣戰船 尙有十二)

〈신에게는 아직 12척의 배가 남아있습니다, 이순신〉

대인춘풍 / 지기추상 (待人春風 持己秋霜)

〈남에게는 봄바람처럼 부드럽게 대하고 자기자신에게는 가을 서릿발처럼 엄하게 하라, 채근담〉

03 스토리텔링

4·4조 (4자성어)

① 우측의 [사자성어] 컨셉 사례 응용 및 상상을 통한 스토리텔링

② 02 카피라이팅 사례 확장을 통한 스토리텔링

③ 유튜브와 광고 사이트 검색을 통한 스토리 컨셉 찾기와 메모하기

시조 사사조 컨셉

이런들 / 어떠하며 / 저런들 / 어떠하리

만수산 / 드렁칡이 / 얽혀진들 / 어떠하리

우리도 / 이같이얽혀 / 백년까지 / 누리리라

〈이방원, 하여가〉

4자성어 사사조 컨셉

이팔청춘(二八青春) / 일거양득(一擧兩得)

죽마고우(竹馬故友) / 흡연단명(吸煙短命)

경국지색(傾國之色) / 백년가약(百年佳約)

발기부전(勃起不全) / 금의환양(錦衣還鄕)

오늘부터 금연시작

〈보건복지부〉

4자성어 해석 사사조 컨셉

자문자답(自問自答)

自 인공지능 / 휘센이 / 스스로 / 묻습니다

問 외출한 / 식구들이 / 집에 / 돌아왔네?

自 인공지능이 / 스스로 / 답을 / 냅니다

答 얼른 / 시원해지게 / 인체감지로 / 맞춤냉방

〈LG 휘센, 자문자답편〉

D

2자 반복 4자성어+ 컨셉

2자 반복 4자성어+ 컨셉은 광고 네이밍에 효과적이다. 발음이 단순해서 기억하기 쉽고 반복에 의한 리듬감이 있으며, 무엇보다 다른 단어를 결합하면 다양한 네이밍을 할 수 있다. 예컨대 [방방곡곡 문화공감], [방방곡곡 구석구석], [방방곡곡 콸콸콸] 등의 언어 유희가 무궁무진하다.

※ 아래의 「2자반복 4자성어 유형별 타입」과 「순우리말 반복 의성어 · 의태어」 등의 사례 모음을 활용하면 더 다양한 네이밍을 할 수 있다.

사례

01. **【방방곡곡(坊坊曲曲)+】** | 정정당당(正正堂堂)+ | 명명백백(明明白白)+ | 가가호호(家家戶戶)+ | 형형색색(形形色色)+ | 사사건건(事事件件)+ | 다다익선(多多益善)+ | 승승장구(乘勝長驅)+ | 위풍당당(威風堂堂)+ | 자신만만(自信滿滿)+ | 기세등등(氣勢騰騰)+ | 속전속결(速戰速決)+ | 이심전심(以心傳心)+ |

★ 사례모음: 2자 반복 4자성어 유형별 타입

- ○○□□ Type | ○○XY Type | XY○○ Type | ○X○Y Type | X○Y○ Type |

01
네 이 밍

2자반복 4자성어

방방곡곡 +

[방방곡곡 ㅇㅇㅇㅇ]

[방방곡곡 ㅇㅇㅇ]

[ㅇㅇㅇ 방방곡곡]

【방방곡곡(坊坊曲曲)+】 컨셉은 사자성어 안에 2자의 동음이 반복되어 음운을 느낄 수 있다. 내용은 긍정적, 희망적, 진취적인 내용을 담고 있는 사자성어가 언어유희에 적합하다. 이를 다른 단어와 함께 결합하면 다양한 언어유희를 창작할 수 있다.

방방곡곡 문화공감

〈한국문화예술회관, 2018〉

【방방곡곡】은 '어느 한 군데도 빼놓지 않은 모든 곳'이란 뜻으로 우리말 같은 느낌의 사자성어이다. 이러한 동음의 반복적인 사자성어를 위의 사례와 같이 융합하면 음운이 부드러운 네임을 창작할 수 있다.

방방곡곡 구석구석

방방곡곡 콸콸콸 〈SK 켈레콤〉

방방곡곡 소문단 〈휴먼에드〉

우리땅 방방곡곡 〈웅진주니어〉

01 반복컨셉

2자반복 4자성어

●●■■

●●XY

① 우측의 [사자성어] 컨셉 사례 응용 및 상상을 통한 네이밍

② 아래의 [2자 반복 4자성어...]와 [순우리말 반복 의성어·의태어]를 활용한 네이밍

③ 관련 사이트 검색을 통한 새로운 네이밍 컨셉 찾기와 메모하기

정정당당(正正堂堂)+ 컨셉

김두관의 정정당당(正正堂堂) 〈모아북스〉

명명백백(明明白白)+ 컨셉

명명백백(明明白白) 한국지리 〈김만국상사 시리즈〉

가가호호(家家戶戶)+ 컨셉

가가호호(家家戶戶) 웃는 경기 〈경기도청〉

형형색색(形形色色)+ 컨셉

부부작가의 형형색색(形形色色)展

사사건건(事事件件)+ 컨셉

여의도 사사건건(事事件件) 〈KBS 뉴스〉

다다익선(多多益善)+ 컨셉

백남준의 다다익선(多多益善) 〈백남준 작품명〉

승승장구(乘勝長驅)+ 컨셉

김승우의 승승장구(乘勝長驅) 〈KBS2〉

01 네 이 밍

2자반복 4자성어

XY●●

●X●Y

X●Y●

① 우측의 [사자성어] 컨셉 사례 응용 및 상상을 통한 네이밍

② 아래의 [2자 반복 4자성어...]와 [순우리말 반복 의성어 · 의태어]를 활용한 네이밍

③ 다양한 사이트 검색을 통한 새로운 네이밍 컨셉 찾기와 메모하기

위풍당당(威風堂堂)+ 컨셉

위풍당당 동충하초 〈남양유업〉

자신만만(自信滿滿)+ 컨셉

자신만만(自信滿滿) 세계여행 미국 〈삼성출판사 시리즈〉

기세등등(氣勢騰騰)+ 컨셉

기세등등 등축제

속전속결(速戰速決)+ 컨셉

속전속결(速戰速決) 신토익 〈다락원〉

이심전심(以心傳心)+ 컨셉

이심전심 착한점心 일편단心 〈롯데리아〉

펜은 칼보다 강하다!
펜보다 연필이 더 강하다!
지우개라는 겸손이 있으니까!

사례 모음

●●■■ Type

家家戶戶 가가호호
句句節節 구구절절
代代孫孫 대대손손
明明白白 명명백백
父父子子 부부자자
坊坊曲曲 방방곡곡
事事件件 사사건건
三三五五 삼삼오오
時時刻刻 시시각각
是是非非 시시비비
子子孫孫 자자손손
戰戰兢兢 전전긍긍
正正堂堂 정정당당
虛虛實實 허허실실
形形色色 형형색색
浩浩蕩蕩 호호탕탕
喜喜樂樂 희희락락

●●XY Type

南男北女 남남북녀
多多益善 다다익선
茫茫大海 망망대해
默默不答 묵묵부답
物物交換 물물교환
袖手傍觀 수수방관
申申當付 신신당부
乘勝長驅 승승장구
類類相從 유유상종
悠悠自適 유유자적
遲遲不進 지지부진
疊疊山中 첩첩산중
坦坦大路 탄탄대로
孑孑單身 혈혈단신

XY●● Type

氣勢騰騰 기세등등
獨也靑靑 독야청청
餘裕滿滿 여유만만
威風堂堂 위풍당당
意氣揚揚 의기양양
自信滿滿 자신만만
虎視眈眈 호시탐탐
和氣靄靄 화기애애
興味津津 흥미진진

2자반복 4자성어 유형별 타입

●X●Y Type

各界各層	각계각층	百發百中	백발백중	一長一短	일장일단
各人各色	각인각색	百戰百勝	백전백승	一喜一悲	일희일비
各樣各色	각양각색	非一非再	비일비재	自繩自縛	자승자박
兼事兼事	겸사겸사	私利私慾	사리사욕	自暴自棄	자포자기
共生共存	공생공존	山戰水戰	산전수전	自給自足	자급자족
難兄難弟	난형난제	相扶相助	상부상조	自業自得	자업자득
能手能爛	능수능란	善男善女	선남선녀	自問自答	자문자답
多情多感	다정다감	速戰速決	속전속결	適材適所	적재적소
多才多能	다재다능	樂山樂水	요산요수	整理整頓	정리정돈
同苦同樂	동고동락	愛國愛族	애국애족	至高至純	지고지순
莫上莫下	막상막하	連戰連勝	연전연승	知彼知己	지피지기
買占賣惜	매점매석	說往說來	설왕설래	天上天下	천상천하
賣官賣職	매관매직	誠心誠意	성심성의	徹頭徹尾	철두철미
無窮無盡	무궁무진	曰可曰否	왈가왈부	虛禮虛飾	허례허식
無色無臭	무색무취	引受引繼	인수인계	好衣好食	호의호식
無念無想	무념무상	人山人海	인산인해	呼兄呼弟	호형호제
半信半疑	반신반의				

X●Y● Type

怒發大發	노발대발	奧密稠密	오밀조밀	理判事判	이판사판
無知莫知	무지막지	右往左往	우왕좌왕	一波萬波	일파만파
父傳子傳	부전자전	有耶無耶	유야무야	前無後無	전무후무
四方八方	사방팔방	有形無形	유형무형	左之右之	좌지우지
新通-通	신통방통	以心傳心	이심전심	此日彼日	차일피일
愛之重之	애지중지	以熱治熱	이열치열	橫說竪說	횡설수설
哀乞伏乞	애걸복걸	以夷制夷	이이제이		

E

2자 반복 순우리말+ 컨셉

2자 반복 순우리말 컨셉은 소리의 관점에서 위의 2자 반복 4자성어 사례와 유사하다. 순우리말 중에 2자 반복이 의외로 많다. 특히 의성어, 의태어가 많다. 예컨대 [와글와글 장터], [호이호이 꿀호떡], [두근두근 내 인생], [모락모락 하이모] 등 무궁무진하다. 이것을 사자성어나 반복어 등과 함께 조합하면 다양한 네이밍이 가능하다.

※ 위의「2자반복 4자성어 유형별 타입」과 다음의「순우리말 반복 의성어 · 의태어」 등의 사례 모음 참고.

사례

01. **【구석구석 +】** | 골목골목+ | 굽이굽이+ | 미안미안+ | 조심조심+ | 동네방네+ | 여기저기+ | 빨리빨리+ | 미리미리+ | 조마조마+ | 진짜진짜+ | 시끌시끌+부글부글+ ‖ 와글와글+ | 호이호이+ | 쓱싹쓱싹+ | 쏙쏙쏙쏙+ ‖ 두근두근+ | 토닥토닥+ | 모락모락+ | 대롱대롱+ |

★ 사례모음: **순우리말 반복 의성어**
★ 사례모음: **순우리말 반복 의태어**

02. 쏙쏙+ | 아삭아삭+ | 뛰뛰빵빵+ | 짜라짜짜+ | 매일매일+ ‖ 알쏭달쏭+ | 모락모락+ | 차곡차곡+ | 덩실덩실+들썩들썩+ | 쫄깃쫄깃+오동통통+ |

03. 가글가글+ | 다다다다+ | 구석구석+골목골목+굽이굽이+ |

01 네 이 밍

2자 반복 순우리말

구석구석 +

[구석구석 ○○○○]

[○○○○ 구석구석]

【구석구석+】 컨셉은 순우리말로 한 단어 안에 2자의 동음이 반복되어 4자성어와 같은 어감을 느낄 수 있다. 이러한 4자 우리말을 컨셉으로 다른 단어와 함께 혼합 사용하면 우리의 정감이 있는 언어유희를 창작할 수 있다.

대한민국 구석구석 행복여행

〈한국관광공사〉

【구석구석+】 컨셉은 '이 구석 저 구석'이란 장소적인 의미로 사자성어와 유사한 어감을 주는 순우리말 단어다. 구석구석을 전후로 장소를 뜻하는 다양한 단어와 결합하여 네이밍 할 수 있고, '방방곡곡', '하하호호' 등의 반복어와 함께 붙여서 창의적인 언어유희를 창작할 수 있다. 그 사례는 아래와 같다.

구석구석 코리아 〈한국관광공사〉

구석구석 찾아가요 〈서울특별시〉

태평양 구석구석 〈청개구리〉

방방곡곡 평화로 구석구석 통일로 〈통일부〉

구석구석 유한락스 **뽀송뽀송** 유한락스 〈애경〉

대한민국 구석구석 우리가족 **하하호호** 〈한국관광공사〉

01
반복컨셉

2자 반복 순우리말 (명사)

① 우측의 [반복 명사] 컨셉 사례 응용 및 상상을 통한 네이밍

② 아래의 [순우리말 반복 의성어 · 의태어]를 활용한 네이밍

③ 광고 사이트 검색을 통한 새로운 네이밍 컨셉 찾기와 메모하기

골목골목+ 컨셉

프라하 골목골목 누비기 〈소화 출판사〉

굽이굽이+ 컨셉

인생길 굽이굽이 〈한국학술정보〉

미안미안+ 컨셉

미안미안해 〈태진아 노래〉

조심조심+ 컨셉

조심조심 코리아 〈안전보건공단〉

동네방네+ 컨셉

동네방네 방방곡곡

여기저기+ 컨셉

여기저기! 이것저것! 〈naver/yogijogi〉

01 네이밍

순우리말 2자 반복 (부사)

① 우측의 [반복 부사] 컨셉 사례 응용 및 상상을 통한 네이밍

② 아래의 [순우리말 반복 의성어 · 의태어]를 활용한 네이밍

③ 다양한 사이트 검색을 통한 새로운 네이밍 컨셉 찾기와 메모하기

빨리빨리+ 컨셉

빨리빨리 한국문화

빨리빨리 합격하는 ________ 〈크라운출판사〉

미리미리+ 컨셉

잇몸건강 미리미리 〈부광탁스〉

조마조마+ 컨셉

학교가기 조마조마 〈상상의집 출판사〉

진짜진짜+ 컨셉

진짜진짜 짜장 〈농심〉

시끌시끌+ + 부글부글+ 컨셉

시민이 시끌시끌 민심이 부글부글

01 반복컨셉

2자 반복 순우리말 (의성어)

① 우측의 [반복 의성어] 컨셉 사례 응용 및 상상을 통한 네이밍

② 아래의 [순우리말 반복 의성어 · 의태어]를 활용한 네이밍

③ 다양한 사이트 검색을 통한 새로운 네이밍 컨셉 찾기와 메모하기

와글와글+ 컨셉

와글와글 장터

호이호이+ 컨셉

호이호이 꿀호떡 〈삼립식품〉

쓱싹쓱싹+ 컨셉

쓱싹쓱싹 색칠하기 〈월드베스트〉

쏙쏙쏙쏙+ 컨셉

쏙쏙 쏙쏙 말랑 세트 〈애플비북스〉

01
네 이 밍

2자 반복 순우리말 (의태어)

① 우측의 [반복 의태어] 컨셉 사례 응용 및 상상을 통한 네이밍

② 아래의 [순우리말 반복 의성어 · 의태어]를 활용한 네이밍

③ 광고 사이트 검색을 통한 새로운 네이밍 컨셉 찾기와 메모하기

두근두근+ 컨셉

두근두근 내인생 〈창비〉

토닥토닥+ 컨셉

토닥토닥 서비스 〈대신증권〉

모락모락+ 컨셉

모락모락 하이모 〈하이모〉

대롱대롱+ 컨셉

인생은 대롱대롱 〈정대룡 웹툰〉

펜은 칼보다 강하다!
펜보다 연필이 더 강하다!
지우개라는 겸손이 있으니까!

사례 모음

순우리말 반복 의성어

가글가글
개굴개굴
구구
그르렁 그르렁
깍깍
깔깔
껄껄
꼬르륵 꼬르륵
꼬꼬댁꼬꼬댁
꼴깍꼴깍
꿀꿀
꿀꺽꿀꺽
꽥꽥
끼룩끼룩
낄낄
낑낑

냠냠

다다다다
달달달
달그락달그락
덜거덕덜거덕
덜덜덜
두근두근
둥둥
딩동딩동
드르렁드르렁
따르릉따르릉
딸가닥딸가닥
딸랑딸랑
똑딱똑딱
뛰뛰빵빵
랄랄라

멍멍
맴맴

바글바글
바삭바삭
바스락바스락
벌컥벌컥
보글보글
부글부글
부릉부릉
붕붕
빵빵
뻐꾹뻐꾹
뻐끔뻐끔
뽀글뽀글
뽀드득뽀드득
뽕뽕
뿅뿅
뿌지직뿌지직
뿡뿡
삐삐

사각사각
사그락사그락
새근새근
소곤소곤
술술
슝슝
쉬쉬
싹둑싹둑
싹싹
쓱쓱
쓱싹쓱싹
씽씽

아삭아삭
야금야금
영차영차
예예
오물오물
오싹오싹
옹알옹알
와그작와그작
와글와글
와와
우르르 (쾅쾅)
우물우물
우우
웅성웅성
워워
윙윙

절레절레
잼잼
주르륵주르륵
줄줄
잼잼
중얼중얼
지글지글
지지배배
질겅질겅
짝짝
쩝쩝
째깍째깍
짹짹
쪼르륵쪼르륵
쭈쭈
찌르릉찌르릉
찍찍

찰랑찰랑
찰싹찰싹
찰찰
철철
철썩철썩
첨벙첨벙
치카치카
칙칙폭폭

콜록콜록
콩콩
콸콸콸
쾅쾅
쿵쿵
콕콕
킁킁
키득키득

토닥토닥
파닥파닥
펄럭펄럭
펄펄
퐁당퐁당
퐁퐁
푸드덕푸드덕

흐흐
헉헉
헐떡헐떡
호로록호로록
호이호이
훌쩍훌쩍
후르륵후르륵
히히

순우리말 반복 의태어

간당간당
간질간질
갈팡질팡
거칠거칠
곱슬곱슬
구불구불
근질근질
기우뚱기우뚱
기웃기웃
길쭉길쭉
깜박깜박
꼬물꼬물
꼬불꼬불
꼼지락꼼지락
깡충깡충
껌벅껌벅
꼭꼭
꼴깍꼴깍
꿈지락꿈지락
꾸벅꾸벅
꿈틀꿈틀
끄덕끄덕

나풀나풀
낼름낼름
넘실넘실
느릿느릿

다닥다닥
덩실덩실
데굴데굴
도리도리
두리번두리번
덕지덕지

둥글둥글
둥실둥실
대롱대롱
덜덜
드글드글
듬성듬성
뒤적뒤적
뒤뚱뒤뚱
뒹굴뒹굴
따끈따끈
따끔따끔
또랑또랑
뚝딱뚝딱
떼굴떼굴

말랑말랑
말똥말똥
말캉말캉
모락모락
무럭무럭
물컹물컹
뭉게뭉게
몽글몽글
몽실몽실
매끈매끈
미끌미끌

바들바들
반들반들
반질반질
반짝반짝
방실방실
번쩍번쩍
벌름벌름

뱅글뱅글
부라부랴
부슬부슬
불룩불룩
보들보들
비실비실
빙글빙글
뽀송뽀송
삐죽삐죽

사뿐사뿐
살금살금
새콤새콤
슬금슬금
성큼성큼
시들시들
쑥쑥
쑥쑥

아장아장
알록달록
어슬렁어슬렁
엉금엉금
오돌오돌
오물오물
오싹오싹
옥신각신
올망졸망
요리조리
우물쭈물
우왕좌왕
욱신욱신
울퉁불퉁
으슬으슬

으쓱으쓱
이글이글

주섬주섬
저벅저벅
절레절레
조마조마
주렁주렁
주섬주섬
지긋지긋
지끈지끈
쫄깃쫄깃
쭈뼛쭈뼛
찔끔찔끔
차곡차곡
차근차근
찰랑찰랑
촉촉

터벅터벅
투덜투덜
퍼덕퍼덕
펑펑
포근포근
푸석푸석
폴짝폴짝
피식피식

허겁지겁
허둥지둥
흘깃흘깃
흔들흔들
히죽히죽
희끗희끗

02 카피라이팅

2자 반복 순우리말

① 우측의 [반복 순우리말] 컨셉 사례 응용 및 상상을 통한 카피라이팅

② 위의 [순우리말 반복 의성어·의태어]를 활용한 카피라이팅

③ 각종 광고 사이트 등의 검색을 통한 카피 컨셉 찾기와 메모하기

쏙쏙+ 컨셉

버블에코가 때를 쏙쏙, 시간도 전기도 1/2로 쏙쏙 〈삼성 버블에코 세탁기〉

먹기 좋게 쏙쏙 간편하게 쏙쏙 〈삼아제약 노마에프 구미〉

아삭아삭+ 컨셉

아삭아삭 씹고 싶다! 썬업 아삭아삭 〈매일 썬업 아삭아삭〉

뛰뛰빵빵+ 컨셉

뛰뛰 뛰뛰 뛰뛰빵빵 뛰뛰 뛰뛰 뛰뛰빵빵 〈혜은이〉

짜라짜짜+ 컨셉

짜라짜라짜짜짜 짜파게티 〈농심 짜파게티〉

매일매일+ 컨셉

매일매일 헛개차 〈광동 헛개차〉

02 반복컨셉

2자 반복 순우리말

① 우측의 [반복 순우리말] 컨셉 사례 응용 및 상상을 통한 카피라이팅

② 위의 [순우리말 반복 의성어·의태어]를 활용한 카피라이팅

③ 각종 광고 사이트 등의 검색을 통한 카피 컨셉 찾기와 메모하기

알쏭달쏭+ 컨셉

알쏭달쏭 궁금이 탐험

모락모락+ 컨셉

모락모락 상상이 관찰 〈웅진씽크빅〉

차곡차곡+ 컨셉

행복도 자산도 차곡차곡 〈신한은행〉

덩실덩실+ + 들썩들썩+ 컨셉

온 가족이 덩실덩실! 온 동네가 들썩들썩! 〈삼성전자〉

쫄깃쫄깃+ + 오동통통+ 컨셉

쫄깃쫄깃 오통통통 농심 너구리 〈농심 너구리〉

03 스토리텔링

2자 반복 순우리말

① 우측의 〈출처〉 CM을 시청한 후, [반복 순우리말] 컨셉 사례 응용을 통한 스토리텔링

② 위의 [2자 반복 4자성어...]와 [순우리말 반복 의성어·의태어]를 활용한 스토리텔링

③ 유튜브와 광고 사이트 검색을 통한 스토리 컨셉 찾기와 메모하기

가글가글+ 컨셉

입병

이제 입병은

지질 필요 없이

바를 필요 없이

아픈 입엔 큐

뜯고 붓고

1분 동안 가글가글

뜯고 붓고

1분 동안 가글가글

쉽게 빠르게 입병치료 끝

입병치료 끝

아픈 입엔

아프니벤 큐

입병 가글이 치료입니다

〈코오롱제약 아프니벤 큐액〉

다다다다+ 컨셉

다다다다다다...(공사장 드릴 or 헬리콥터 소리)

다

다있다

집에 대한 모든 정보

매물, 교통, 학교정보, 관리비까지

다다다다...(공사장 드릴 소리) 다 있다

다방

〈다방, 걸스데이〉

03
반복컨셉

2자 반복 순우리말

① 우측의 〈출처〉 CM을 시청한 후, [반복 순우리말] 컨셉 사례 응용을 통한 스토리텔링

② 위의 [2자 반복 4자성어...]와 [순우리말 반복 의성어 · 의태어]를 활용한 스토리텔링

③ 유튜브와 광고 사이트 검색을 통한 스토리 컨셉 찾기와 메모하기

구석구석+ + 골목골목+ + 굽이굽이+ 컨셉

구석구석 놀라움이 숨어있는 나라

골목골목 추억이 살아있는 나라

굽이굽이 저력이 꿈틀거리는 나라

떠나세요 내 곁에 내 사랑 대한민국이 있습니다

〈문화체육관광부, 우리들의 그곳 대한민국입니다〉

F

반복음 창작 컨셉

반복음 창작 컨셉은 다양한 반복음을 활용하여 새로운 네임을 창작하는 것이다. 예컨대 애니메이션 [뽀롱뽀롱 뽀로로]나 TV 유아방송 [뽀뽀뽀], 롯데제과의 [빼빼로], 토마토 영어 [일빵빵], 오뚜기의 [뿌셔뿌셔] 등의 반복음 창작은 반복음으로부터 얻은 네이밍의 사례이다. 이러한 사례들을 분석 및 조사하고 네임을 창작한다면 보다 효과적인 네임을 창작할 수 있을 것이다.

사례

01. **【뽀롱뽀롱 뽀로로 (XOXO XOO)】** | OOX 3자 | XOO 3자 | OOO 3자 | XY... OO 2자 | O□O□ 4자 | XYZ XYZ 6자 |

01
네 이 밍

반복音 창작

뽀롱뽀롱 뽀로로

[뽀롱뽀롱 뽀로로 = 뽀O 뽀O 뽀O O]

【뽀롱뽀롱 뽀로로】 컨셉은 어디선가 들어봄직한 음운 혹은 단어의 재배열과 반복을 통해서 새로운 네임을 창작한 언어유희이다. 반복음은 특히 유아·어린이들을 대상으로 의성어, 의태어 등을 통한 창작이 다수이다.

뽀롱뽀롱 뽀로로

〈아이코닉스·오콘, 2003~〉

【뽀롱뽀롱 뽀로로】 네임의 유래는 캐릭터 개발자 최종일 대표(아이코닉스)의 아내가 "애들이 너무 '쪼로로' 왔다 갔다 해서 정신이 산만하다"라고 말했던 것에서 착안된 이름이라고 한다. 여기서 '로로'가 핵심어다. [뽀로로]는 당시 최고의 어린이 프로그램인 〈뽀뽀뽀〉의 '뽀'와 '쪼로로'의 합성어로 [XOO] 구조다. 앞의 수식어 [뽀롱뽀롱]도 '뽀로'와 유사 반복음으로, 결국 이 네임은 [XOXO XOO]의 단순 컨셉임을 알 수 있다.

이와 같은 방법으로 **【우리말 반복음(音)의 창작】** 컨셉의 유래 추정이 가능하며, 그 사례는 아래와 같다.

두다다쿵 〈EBS〉 ← **쿵더더쿵**

우당탕탕 아이쿠 〈EBS〉 ← **우당탕**

방귀대장 뿡뿡이 〈EBS〉 ← **뿡뿡**

01 반복컨셉

반복音 창작

① 우측의 [반복음 네임] 컨셉 사례 응용 및 상상을 통한 네이밍

② 위의 [순우리말 반복 의성어·의태어]를 활용한 네이밍

③ 다양한 사이트 검색을 통한 새로운 네이밍 컨셉 찾기와 메모하기

OOX 3자 컨셉

빼빼로 〈롯데제과〉

쭈쭈바 〈롯데푸드〉 구구콘 〈롯데푸드〉

코코몽 〈EBS〉

공공칠 〈007〉 삼삼칠 〈337〉

XOO 3자 컨셉

일빵빵 영어회화 〈토마토〉

배시시 〈스튜디오〉 칸타타 〈롯데칠성〉

단밍밍 성장일기 〈주니어김영사〉

OOO 3자 컨셉

다다다 다방 〈다방〉 KB 차차차 〈KB〉

찬찬찬 반찬 참참참 〈이홍렬쇼〉

냠냠냠 쪽쪽쪽 〈길벗어린이〉

닥치고 술술술 〈두빛나래〉

빠빠빠 〈크레용팝〉

벌벌벌 (한 벌 가격으로 두 벌, 세 벌!) 〈정철 카피책〉

꽝꽝꽝 (가격, 내려치고 내려치고 또 내려쳤다) 〈정철 카피책〉

01 네이밍

반복音 창작

① 우측의 [반복음 네임] 컨셉 사례 응용 및 상상을 통한 네이밍

② 위의 [순우리말 반복 의성어 · 의태어]를 활용한 네이밍

③ 광고 사이트 검색을 통한 새로운 네이밍 컨셉 찾기와 메모하기

XY... OO 2자 컨셉

옥시 싹싹 〈옥시〉 유진 쓱쓱 〈유진〉

동물 쭈쭈 〈크라운제과〉 홍시 홍홍 회회횟집

청바지 뱅뱅 〈뱅뱅〉 패션몰 페페

치카치카 쓱쓱 〈키위북스〉

무비무비 뭅뭅 〈뭅뭅〉

O□O□ 4자 컨셉

뿌셔뿌셔 〈오뚜기〉

까요까요 치즈 〈서울우유〉

짜요짜요 〈서울우유〉

쿠우쿠우 〈초밥뷔페〉

무냐무냐 〈아동복〉

XYZ XYZ 6자 컨셉

호로록 호로록 국수 〈이국주 유행어〉

띠띠뽀 띠띠뽀 〈EBS 애니메이션〉

두다다 두다다 레고 〈블록하우스〉

펜은 칼보다 강하다!
펜보다 연필이 더 강하다!
지우개라는 겸손이 있으니까!

5장

"술어의 선택에 따라 결과가 달라진다!"

술어의 선택과 반복 언어유희

A 서술형 술어 컨셉

B 명령형 술어 컨셉

C 질문형 술어 컨셉

A

서술형 술어 컨셉

서술형 술어 컨셉은 술어의 다양성을 보다 넓게 검토하고 신중하게 선택하는 기획이다. 우리말 중에 "아 다르고 어 다르다"라는 말처럼 약간의 다른 말도 어감이 크게 달라질 수 있는 것이다. 예컨대 [죽었다]라는 말도 [운명했다], [작고했다], [떠났다], [갔다] 등의 술어가 다양하다. 이처럼 술어에 대한 나열과 선택을 하면 보다 효과적인 네임과 카피, 스토리를 창작할 수 있을 것이다.

사례

01. (상태형) 노랗다 | (과거형) 죽었다 | (현재형) 마음먹다 |

02. ~(이)다 | ~(입)니다 | ~(하)다 | ~(합)니다 |

03. ~(이)다 | ~(입)니다 | ~(하)다 | ~(합)니다 |

01 네이밍

서술형 술어

노랗다 (상태)

【노랗다】 컨셉은 술어의 소리는 다르지만, 의미는 같은 사례의 표본이다. 이렇게 다양한 술어의 사례 분석과 선택을 통해 보다 넓고 독창적인 언어유희를 창작할 수 있을 것이다.

노랗다

노르스름하다 노르무레하다

노릇하다 노릇노릇하다

노르톡톡하다 노리께하다

누르끄레하다 노리무레하다

노릿하다 노릿노릿하다

노리톡톡하다

누렇다

누리께하다 누리끼리하다

누르끄레하다 누르무레하다

누르스름하다

누릇하다 누릇누릇하다

누르툭툭하다 누르칙칙하다

샛노랗다 싯누렇다

고기롭다 〈광주맛집〉 고기답다 고기스럽다

나는 불꽃이다 〈한화〉 나는 불꽃입니다 나는 불꽃이지 나는 불꽃이여

01 반복컨셉

서술형 술어

죽었다 (과거)

【죽었다】의 표현이 이렇게 많은 나라가 있을까? 아래는 그 사례의 일부이다. 이 선택에 따라 분위기나 뉘앙스가 달라진다. 이러한 서술형 술어의 사례 분석을 통해 다양한 언어유희를 대입하고 창작할 수 있다.

죽었다

사망했다 숨을 거두었다

눈을 감았다 일생을 마쳤다

돌아가셨다 유명을 달리했다

운명했다 타계했다

임종했다 별세했다

작고했다 영면했다

소천했다 서거했다

붕어하셨다 승하하셨다

하늘나라로 갔다 저 세상으로 갔다

저승길로 떠났다 황천길로 떠났다

세상을 떴다

밥숟가락 놨다

골로 갔다 뒈졌다

01 네이밍

서술형 술어

마음먹다 (현재)

【마음먹다】 컨셉은 무엇을 하겠다는 생각이다. 이 마음을 사용하는 동사들이 많다. 이러한 술어의 사례들을 한 곳에 나열하고 선택한다면 컨셉 선택의 폭이 더 넓어지고, 보다 효과적인 언어유희를 창작할 수 있을 것이다.

마음먹다

마음을 먹다 (먹었다! 먹자! 먹어라!)

마음에 두다 (두었다! 두자! 두어라!)

마음을 두다 (뒀다! 두자! 둬라!)

마음을 잡다 (잡았다! 잡자! 잡아라!)

마음을 품다 (품었다! 품자! 품어라!)

마음을 다하다 (다했다! 다하자! 다하라!)

마음을 쓰다 (썼다! 쓰자! 써라!)

마음을 쏟다 (쏟았다! 쏟자! 쏟아라!)

마음이 타다 (탔다! 태우자! 태워라!)

굽다 〈OO맛집〉 굽지 굽나 굽게

삶다

찌다

빚다

쑤다

볶다

02 카피라이팅

서술형 술어

① 우측의 [서술형 술어] 컨셉 사례 응용 및 상상을 통한 카피라이팅

② 03 스토리텔링 사례 추출을 통한 카피라이팅

③ 각종 광고 사이트 등의 검색을 통한 카피 컨셉 찾기와 메모하기

~(이)다 컨셉

경제학을 입다 먹다 짓다 〈한빛비즈〉

생활이 쇼핑이다 쇼핑이 다 할인이다 온라인부터 오프라인까지 다 〈롯데카드〉

고객이 짜다면 짜다

~(입)니다 컨셉

국민이 지킵니다 국민을 지킵니다 국민이 국민을 지킵니다 〈육군 공익광도〉

제가 좀 탑니다 요즘은 이렇게 탑니다 〈맥심 모카골드〉

~(하)다 컨셉

기진맥진하다 못해 기절초풍하다

먹다 사랑하다 떠나다 〈푸르메〉

~(합)니다 컨셉

사랑합니다 약속합니다 가족사랑을 지키는 약속 동부화재 〈동부화재〉

03 스토리텔링

서술형 술어

① 우측의 [서술형 술어] 컨셉 사례 응용을 통한 스토리텔링

② 02 카피라이팅 사례 확장을 통한 스토리텔링

③ 유튜브와 광고 사이트 검색을 통한 스토리 컨셉 찾기와 메모하기

~(이)다 컨셉

60은 소년이다

70은 청년이다

80은 중년이다

나이를 다시 말하다

길어진 노후 삼성생명과 함께 준비하세요

〈삼성생명 은퇴설계 편〉

~입(아닙)니다 컨셉

경제특별시 아닙니다

교육특별시 아닙니다

문화특별시 아닙니다

사람특별시 서울입니다

〈정철 카피책〉

03 반복컨셉

서술형 술어선택

① 우측의 [서술형 술어] 컨셉 사례 응용 및 상상을 통한 스토리텔링

② 02 카피라이팅 사례 확장을 통한 스토리텔링

③ 유튜브와 광고 사이트 검색을 통한 스토리 컨셉 찾기와 메모하기

~(하)다 컨셉

위벽보호가 빠르다

위산 중화력이 세다

위통 치유력이 있다

속쓰림엔 겔포스

〈겔포스엠〉

~(합)니다 컨셉

같은 곳을 봅니다

같은 꿈을 꿉니다

같은 길을 갑니다

〈원앤원북스〉

행정, 듣습니다

농업, 키웁니다

교육, 꿈꿉니다

경제, 만듭니다

복지, 높입니다

문화, 찾습니다

생활, 해냅니다

환경, 지킵니다

〈정철 카피책〉

03
스토리텔링

서술형 술어선택

① 우측의 〈출처〉 CM을 시청한 후, [서울형 술어] 컨셉 사례 응용 및 상상을 통한 스토리텔링

② 02 카피라이팅 사례 확장을 통한 스토리텔링

③ 유튜브와 광고 사이트 검색을 통한 스토리 컨셉 찾기와 메모하기

~(하)지 않습니다 컨셉

장소를 가리지 않습니다

날씨를 가리지 않습니다

때를 가리지 않습니다

차보다 사람이 먼저니까요

차보다 사람이 먼저

〈DB 동부화재〉

B

명령형 술어 컨셉

명령형 술어 컨셉은 다양한 표현이 있다. 크게 보면 강한 명령과 약한 명령, 그리고 친절한 명령 등이다. 예를 들어 [~하라]와 [~하자]와 [~해요]는 같은 명령이지만 어감이 다른 술어이다. 이러한 표현들을 모두 나열한 후, 상황에 맞는 술어를 선택한다면 보다 폭넓은 언어유희 창작을 할 수 있을 것이다.

사례

01. ~하라 | ~하자 | ~해요 |

02. ~하라(마라) | ~하자(해보자) | ~해(요) |

03. ~하라 | ~하지 마라 |

01 네이밍

명령형 술어

① 우측의 [명령형 술어] 컨셉 사례 응용 및 상상을 통한 네이밍

② 02 카피라이팅과 03 스토리텔링 사례의 추출을 통한 네이밍

③ 다양한 사이트 검색을 통한 새로운 네이밍 컨셉 찾기와 메모하기

~하라 컨셉

응답하라 1988 〈tvN〉

스킵하라 〈cass〉

접속하라 〈동부화재〉

투명하라 〈레몬1000C〉

쇼를 하라 〈KTF〉

쎈하라 〈쎈수학〉

스타 심부름 하라하라 〈MBC〉

~하자 컨셉

이상하자 〈SK텔레콤〉

날자 향자 〈더불어민주당 양향자〉

하자 하자 놀자 〈을파소〉

~해(요) 컨셉

연두해요 〈샘표 연두〉

사랑해요 LG 〈LG〉

부탁해~

02 카피라이팅

명령형 술어

① 우측의 [명령형 술어] 컨셉 사례 응용을 통한 카피라이팅

② 03 스토리텔링 사례 추출 또는 01 네이밍 사례 확장을 통한 카피라이팅

③ 유튜브와 각종 TV CF 사이트 검색을 통한 카피 컨셉 찾기

~하라(마라) 컨셉

치맥하라! 입덕하라! 〈치킨매니아〉

말하고 슬퍼하고 사랑하라 〈소담출판사〉

업그레이드하고 점프업하라!

팔지 마라 사게 하라 〈쌤앤파커스〉

시키지 마라 하게 하라 〈시대인〉

~하자(해보자) 컨셉

세나하자 세나 세나하자 세나 〈김태환 세나송〉

그래 한 번 해보자! 지금 하자! BC카드 〈BC카드〉

힙업하고 볼륨업하자!

바꾸자 정치! 살리자 경제!

~해(요) 컨셉

부탁해요 부광탁스해요 〈부광탁스〉

연두해요~ 연두해요~ 요리할 땐 모두 연두해요~ 〈샘표 연두〉

요리하세요! 쿠쿠하세요~ 〈쿠쿠〉

용서해 미안해 약속해 〈G9〉

03

스토리텔링

명령형 술어

① 우측의 [명령형 술어] 컨셉 사례 응용 및 상상을 통한 스토리텔링

② 02 카피라이팅과 01 네이밍 사례 확장을 통한 스토리텔링

③ 유튜브와 광고 사이트 검색을 통한 스토리 컨셉 찾기와 메모하기

~하라 컨셉

선제공격을 하라

모험을 하라

저질러라

휴가를 가라

전력 질주를 하라

헤어져라

지구를 지켜라

울어라

사고뭉치가 되라

퇴근시간에 퇴근하라

가지 않는 길을 가라

〈삼성전자〉

~하지 마라 컨셉

마라, 마라톤

촛불을 매도하지 마라

진실을 왜곡하지 마라

역사를 되돌리지 마라

〈정철 카피책, 조선일보 반대 마라톤 대회〉

펜은 칼보다 강하다!
펜보다 연필이 더 강하다!
지우개라는 겸손이 있으니까!

C

질문형 술어 컨셉

질문형 술어 컨셉은 다양한 표현과 선택이 있다. [A냐 B냐?], [A인가 B인가?], [A 했어? B 했어?], [A 할까? B 할까?] 등의 표현이 다양하다. 이를 최대한 나열한 후, 상황에 맞는 명령어를 선택한다면 보다 폭넓은 언어유희를 창작할 수 있을 것이다.

사례

01. A냐 B냐 | A인가 B인가(입니까) | A 했어 B 했어(했니) | A 할까 B 할까(할래) | ~될까? 안될까? | 했어? 안 했어(했니)? | ~할까? ~말까? |

02. A인가? B인가(이냐)? | A 했어? B 했어(했니)? | A 할까? B 할까(할래)? | 있을까? 없을까? | ~했어? 안했어(했니)? | ~할까? ~말까? |

03. A인가? B인가(입니까)? | A 할까 B 할까? | ~할까? ~말까? |

01 네이밍

질문형 술어

① 우측의 [질문형 술어] 컨셉 사례 응용 및 상상을 통한 네이밍

② 02 카피라이팅과 03 스토리텔링 사례의 추출을 통한 네이밍

③ 각종 광고 사이트 검색을 통한 새로운 네이밍 컨셉 찾기

A냐 B냐 컨셉

사느냐 죽느냐 그것이 문제로다 〈스타북스〉

Die냐 Diet냐 〈성하출판〉

천도(天道)가 시(是)냐 비(非)냐 〈연대21〉

A인가 B인가(입니까) 컨셉

사람인가 돈인가 〈이담북스〉

사람일까 기계일까 〈머니투데이뉴스〉

A 했어 B 했어(했니) 컨셉

찜했어 쿡했어?

좋아했어 사랑했어?

종말에 뭐 하세요 바쁘세요? 〈대원씨아이〉

A할까 B할까(할래) 컨셉

커피 할까 과일 할까 〈CJ 쁘띠첼〉

1억 모을래 그냥 살래? 〈멘토르〉

놀까 쉴까

01 네이밍

질문형 술어

① 우측의 [질문형 술어] 컨셉 사례 응용 및 상상을 통한 네이밍

② 02 카피라이팅과 03 스토리텔링 사례의 추출을 통한 네이밍

③ 각종 광고 사이트 검색을 통한 새로운 네이밍 컨셉 찾기

~될까? 안될까? 컨셉

암보험 가입 될까? 안될까? 〈AIA생명 평생보장암보험〉

결혼 안하면 안될까? 〈두레미디어〉

했어? 안했어(했니)? 컨셉

했어? 안했어? 〈블락비〉

했어 안했어?의 대화법 〈부모교육〉

~할까? ~말까? 컨셉

할까? 말까? 〈보림〉

사귈까? 말까? 〈롯데칠성 2프로 부족할때〉

창문 열까? 말까? 〈웅진코웨이〉

받을까? 말까? 〈올레 굿초이스〉

말할까? 말까? 〈맥심 카페〉

02 카피라이팅

질문형 술어

① 우측의 [질문형 술어] 컨셉 사례 응용 및 상상을 통한 카피라이팅

② 03 스토리텔링 사례 추출 또는 01 네이밍 사례 확장을 통한 카피라이팅

③ 유튜브와 TV CF 사이트 등의 검색을 통한 카피 컨셉 찾기

A 인가? B 인가(이냐)? 컨셉

물은 '깐깐'한가? 얼음은 '딴딴'한가? 관리는 '꼼꼼'한가? 〈웅진코웨이〉

사랑할 수 있을까? 소유할 수 있을까?

혼자가 좋을까? 둘이 좋을까?

점령이냐? 수성이냐?

A 했어? B 했어(했니)? 컨셉

시합에서 덩크슛 했어? 레이업슛 했어?

만원으로 한편 봤니? 천편 봤니? 〈캐치온〉

영화 한 편 씹어 먹어봤니? 영어 책 한 권 외워봤니? 〈위즈덤하우스〉

A 할까? B 할까(할래)? 컨셉

상대편 공격을 막어야 할까? 막아야 할까? 〈천재학습백과〉

사형제도는 없애야 할까? 유지해야 할까? 〈어린이백과〉

캠퍼스로 출근할래? 기업으로 출근할래? 〈한국산업기술대학교〉

죽도록 운동할래? ○○○ 다이어트 할래?

02 카피라이팅

질문형 술어 (대조)

① 우측의 [술어 대조] 컨셉 사례 응용 및 상상을 통한 카피라이팅

② 03 스토리텔링 사례 추출 또는 01 네이밍 사례 확장을 통한 카피라이팅

③ 각종 광고 사이트 등의 검색을 통한 카피 컨셉 찾기와 메모하기

~있을까? 없을까? 컨셉

암보장 하나라도 받을 수 있을까? 없을까? 〈AIA생명 평생보장암보험〉

천국과 지옥은 있을까 없을까?

~했어? 안했어(했니)? 컨셉

했어 안했어? 했어 안했어? 했어 안했어? 〈블락비〉

Did you 했니? Didn't you 안 했니? 〈앤더슨 잉글리쉬〉

~할까? ~말까? 컨셉

볼까? 말까? 수학 풀이부터 보게 된다면 쎈을 잡아라! 〈쎈수학〉

달릴까? 말까? 망설이기엔 햇살이 너무도 좋다 〈미투데이〉

창문 열까? 말까? 빨래 널까? 말까? 코웨이가 청정으로 답합니다 〈웅진코웨이〉

03 스토리텔링

질문형 술어 (대조)

① 우측의 〈출처〉 CM을 시청한 후, [술어 대조] 컨셉 사례 응용 및 상상을 통한 스토리텔링

② 02 카피라이팅 또는 01 네이밍 사례 확장을 통한 스토리텔링

③ 유튜브와 TV CF 사이트 검색을 통한 스토리 컨셉 찾기

A 인가? B 인가(입니까)? 컨셉

당신이 처음 달려본 곳은 **어디입니까?**

처음 밤하늘을 올려다본 곳은 **어디입니까?**

처음으로 두근거렸던 곳은 **어디입니까?**

멀리서도 그리운 그곳은 **어디입니까?**

우리들의 그곳은 대한민국입니다

〈대한민국 구석구석〉

왜 피곤한데도 웃음만 나옵니까?

왜 지면 질수록 뿌듯해집니까?

당신의 이름이 아빠이기 때문입니다

왜 그 새벽에도 일어나 집니까?

왜 맛있게 먹는 소리가 음악처럼 들립니까?

당신의 이름이 엄마이기 때문입니다

사랑합니다 약속합니다

가족사랑을 지키는 약속 동부화재

〈동부화재 아빠 편〉

03
스토리텔링

질문형 술어 (대조)

① 우측의 〈출처〉 CM을 시청한 후, [술어 대조] 컨셉 사례 응용 및 상상을 통한 스토리텔링

② 02 카피라이팅 또는 01 네이밍 사례 확장을 통한 스토리텔링

③ 유튜브와 광고 사이트 검색을 통한 스토리 컨셉 찾기와 메모하기

A 할까? B 할까? 컨셉

수입차 살까? 국산차 살까?

AJ 셀카

큰차 살까? SUV 살까?

AJ 셀카

그럼 타던 차는?

중고차 사고 팔 땐 AJ 셀카

〈AJ 셀카 2018년〉

~할까? ~말까? 컨셉

#늦은 밤 전 여친의 메시지

대답할까? 무시할까?

#한밤 중 걸려온 김부장의 전화

받을까? 말까?

좋은 선택을 하라!

Good Choice!

〈올레 굿초이스 직장인 편〉

펜은 칼보다 강하다!
펜보다 연필이 더 강하다!
지우개라는 겸손이 있으니까!

6장 "대조(비교)할수록 돋보인다!"

대조(대구)의 선택과 반복 언어유희

A 주어 대조(대구) 컨셉

B 술어 대조(대구) 컨셉

A

주어 대조(대구) 컨셉

주어 대조(대구) 컨셉은 홍보 대상 또는 주제를 부각시키기 위해 서로 다른 두개의 주어를 대조 또는 대구하는 컨셉이다. 이 컨셉은 카피라이팅과 스토리텔링에서 주로 사용한다. 대조의 사례는 [인생은 짧고 ○○은 길다], [부모는 멀리 보라 하고 학부모는 앞만 보라 합니다] 등의 있고, 대구의 사례는 [콩 심은데 콩나고 팥 심은데 팥난다], [그대는 사장인가 제사장인가] 등이 있다.

사례

02. 인생↔예술 | 낮말↔밤말 | 콩↔팥 | 범↔사람 | 안↔밖 | 기름↔기술 | 자동차↔ ㅇㅇㅇ | 첨가↔무첨가 | 계획 없는↔계획적인 | 힘이 드는↔힘이 되는 |

03. **【부모↔학부모】+ S 분석** | 사장↔제사장 | 방심↔안심 | 안↔밖 |

02 카피라이팅

주어대조

① 우측의 [주어 대조] 카피 컨셉 사례 응용 및 상상을 통한 카피라이팅

② 03 스토리텔링 사례의 추출을 통한 카피라이팅

③ 유튜브와 TV CF 사이트 검색을 통한 스토리 컨셉 찾기

인생 ↔ 예술 컨셉

인생은 짧고 예술은 길다

인생은 짧고 노후는 길다 〈신한은행〉

인생은 짧고 하루는 길다

인생은 짧고 일회용품은 길다 〈공익광고협의회〉

낮말 ↔ 밤말 컨셉

낮말은 새가 듣고 밤말은 쥐가 듣는다

콩 ↔ 팥 컨셉

콩 심은 데 콩 나고, 팥 심은 데 팥 난다

범 ↔ 사람 컨셉

범은 죽어서 가죽을 남기고 사람은 죽어서 이름을 남긴다

안 ↔ 밖 컨셉

당신은 안과 밖이 다른 사람인가요? 〈공익광고협의회〉

02 반복컨셉

주어대조

① 우측의 [주어 대조] 카피 컨셉 사례 응용 및 상상을 통한 카피라이팅

② 03 스토리텔링 사례의 추출을 통한 카피라이팅

③ 각종 광고 사이트 등의 검색을 통한 카피 컨셉 찾기와 메모하기

기름 ↔ 기술 컨셉

기름은 없다 ↔ 기술은 있다 〈S-OIL〉

자동차 ↔ ○○○ 컨셉

자동차는 아무나 탈 수 있습니다 ↔ BMW는 아무나 탈 수 없습니다 〈BMW〉

첨가 ↔ 무첨가 컨셉

더 첨가하는 무첨가 마케팅

계획없는 ↔ 계획적인 컨셉

계획없는 보험유지 ↔ 계획적인 보험관리

힘이 드는 ↔ 힘이 되는 컨셉

힘이 드는 이사 ↔ 힘이 되는 이사

03 스토리텔링

주어대조

학부모
부모

[학부모 ↔ 부모

●○○ ↔ ○○]

【부모와 학부모】컨셉의 중심은 [부모]가 아니라 [학부모]이다. [학부모]에서 [부모]를 추출하는 것이 수월하기 때문이다. 이 컨셉은 [●ⓐⓑ] 중심에서 [ⓐⓑ]로 네이밍하고, 이를 다음과 같이 스토리텔링한 것이다.

부모와 학부모

〈공익광고협의회, 2014〉

【부모 VS 학부모】에서 부모는 '부모다운 부모'를, 학부모는 '성적과 입시를 중시하는 부모'를 상징한다. 이 광고 이후로 같은 해에 〈부모 VS 학부모〉에 관한 다큐멘터리, 도서 출판, TV특집 프로그램 등이 비슷한 제목으로 연이어 제작되었다.
스토리텔링의 문장 형식은 아래와 같이 '~~하고, ~~합니다'라는 병렬식 대구의 문장이 짝을 이루며 3단으로 반복된다.

Ⅰ. 부모는 멀리 보라 하고 ↔ 학부모는 앞만 보라 합니다

Ⅱ. 부모는 함께 가라 하고 ↔ 학부모는 앞서 가라 합니다

Ⅲ. 부모는 꿈을 꾸라 하고 ↔ 학부모는 꿈 꿀 시간을 주지 않습니다

당신은 부모입니까? ↔ 학부모입니까?

효자와 ↔ 불효자의 차이

여자는 약하지만 ↔ 엄마는 강하다

【부모와 학부모】 CM의 언어유희 스토리텔링 분석

기승전결	V/A	카피 + 이미지 스토리텔링
기 부모와 학부모 차이 (미래지향 ↔학벌주의)		먼 산과 가까운 나무 ——> 동행하는 새들의 모습 ——>
	video	   
	audio	부모는 멀리 보라 하고 / 학부모는 앞만 보라 합니다 / 부모는 함께 가라 하고 / 학부모는 앞서 가라 합니다
승 부모와 학부모 차이 (꿈 ↔ 강요)		무지개 하늘 ——> 어두운 터널 ——>
	video	 
	audio	부모는 꿈을 꾸라 하고 / 학부모는 꿈 꿀 시간을 주지 않습니다.
전 시청자에게 질문 (부모↔학부모)		질문 유도 ——>
	video	
	audio	당신은 부모입니까? 학부모입니까?
결 부모의 모습 강조		부모의 모습이 참된 교육 ——>
	video	  
	audio	부모의 모습으로 돌아가는 길 / 참된 교육의 시작입니다

〈출처: 공익광고협의회, 21초〉

※ 스토리텔링 요점: 부모(멀리 보는 부모) ↔ 학부모(입시 위주 부모), 둘 중 어느 부모..?

03 스토리텔링

주어대구

① 우측의 〈출처〉 CM을 시청한 후, [주어 대구] 컨셉 사례 응용 및 상상을 통한 스토리텔링

② 02 카피라이팅 사례 응용을 통한 스토리텔링

③ 유튜브와 TV CF 사이트 검색을 통한 스토리 컨셉 찾기

사장 ↔ 제사장 컨셉

실현불가 외는

그대는 사장인가 제사장인가

책임질 일에는 나몰라라 하는

그대는 이사인가 남이사인가

일만 받으면 끌어안고 묵히는

그대는 국장인가 청국장인가

침 튀기며 설교만 하는

그대는 차장인가 세차장인가

신입 때 두 달 연속 밤샜다는

그대는 과장인가 극과장인가

밥만 먹으면 방전되는

그대는 대리인가 밧데리인가

사사건건 감시하고 고자질하는

그대는 사원인가 감사원인가

〈잡코리아 CF 모음〉

03 반복컨셉

주어대조

① 우측의 〈출처〉 CM을 시청한 후, [주어 대조] 컨셉 사례 응용 및 상상을 통한 스토리텔링

② 02 카피라이팅 사례 응용을 통한 스토리텔링

③ 유튜브와 TV CF 사이트 검색을 통한 스토리 컨셉 찾기

방심 ↔ 안심 컨셉

방심은 [빨리빨리] ↔ 안심은 [조심조심]을 외칩니다

방심은 [반칙]을 ↔ 안심은 [원칙]을 좋아합니다

방심은 [기분]을 ↔ 안심은 [기본]을 따릅니다

지금 우리 안의 마음은

방심인가요? ↔ 안심인가요?

〈공익광고협의회 방심과 안심 편〉

안 ↔ 밖 컨셉

안에서 답을 찾았는데 ↔ 밖에서 문제를 못 풀 리 없고

안이 단단하다면 ↔ 밖이 흔들릴 리 없고

안이 새로워졌는데 ↔ 밖이 그대로일 리 없다

안에서 밖을 만들다

〈SK hynix 안에서 밖을 만들다〉

B

술어 대조(대구) 컨셉

술어 대조(대구) 컨셉은 주로 주어를 따라가는 경우가 많다. 사례는 아래의 [예술은 길고 인생은 짧다], [○○은 올리고 ○○은 내리다], [○○은 있고 ○○은 없다] 등이 있다. 여기에 차별화가 있다. 일반적으로 대조는 주어가 중심이지만 술어가 중심인 경우도 있기 때문이다. 예컨대 공익광고 [밟지 말고 밟으세요]는 주어를 생략한 대조 언어유희로 큰 성과를 거두었다.

사례

02. ○○은 길고 ↔ ○○은 짧다 | ○○은 올리고 ↔ ○○은 내리다 | ○○은 싫고 ↔ ○○은 좋다 | ~말고 ↔ ~하라 |
~있다 ↔ ~없다 | ~어렵다 ↔ ~ 쉽다 | ~할 수 없다 ↔ ~할 수 있다 | ~하라 ↔ ~하지 마라 |

03. **[밟지 말고↔밟으세요]+ S 분석** | ~하지 않는다 ↔ ~한다(합니다) | ~하세요 ↔ ~하지 마세요 |

02 카피라이팅

술어대조

① 우측의 [술어 대조] 카피 컨셉 사례 응용 및 상상을 통한 카피라이팅

② 03 스토리텔링 사례 추출을 통한 카피라이팅

③ TV CF 사이트와 유튜브 검색을 통한 카피 컨셉 찾기와 메모하기

OO은 길고 ↔ OO은 짧다 컨셉

세월은 길고 세일은 짧다

인생은 짧고 일회용품은 길다 〈공익광고협의회〉

사치는 짧고 저축은 길다

청춘은 짧고 노후는 길다 〈신한은행〉

OO은 올리고 ↔ OO은 내리다 컨셉

맛은 올리고(Up) 당은 내리고(Down)

칼로리는 내리고 건강은 올리다

OO은 싫고 ↔ OO은 좋다 컨셉

피부의 자극은 싫어도 젊음의 자극은 좋다 〈라피네 야채〉

칼로리는 싫고 단맛은 좋아요 〈청정원 그린스위트〉

쿠키는 싫고 오키가 좋아요 〈오리온 오키〉

~말고 ↔ ~하라 컨셉

이끌지 말고 따르게 하라 〈진성북스〉

설득하지 말고 납득하게 하라 〈비즈페이퍼〉

02 반복컨셉

술어대조

① 우측의 [술어 대조] 카피 컨셉 사례 응용 및 상상을 통한 카피라이팅

② 03 스토리텔링 사례 추출을 통한 카피라이팅

③ TV CF 사이트와 유튜브 검색을 통한 카피 컨셉 찾기와 메모하기

~있다 ↔ ~없다 컨셉

기름은 없다 ↔ 기술은 있다 〈S-OIL〉

다 들었어 ↔ 안 들었어 오로나민C~ 〈오로나민C〉

~어렵다 ↔ ~쉽다 컨셉

요가 다이어트 어렵다 ↔ 에너지 다이어트 쉽다

취업하기 어렵다 ↔ 에너지 절약 쉽다 〈에너지관리공단〉

~할 수 없다 ↔ ~할 수 있다 컨셉

흐르는 세월은 막을 수 없지만 ↔ 얼굴의 주름은 펼 수 있다

필름은 되돌릴 수 있어도 ↔ 생명은 되돌릴 수 없습니다 〈공익광고협의회〉

~하라 ↔ ~하지 마라 컨셉

스타일을 위해 편안함을 포기하지 마라! ↔ 한 번에 누려라! 〈비너스〉

주식하지 마라! ↔ 티레이더 하라! 〈유안타증권 마이티레이더〉

03 스토리텔링

술어대조

~밟지말고 ~밟으세요

[○○말고 ↔ ◉◉세요]

【밟지 말고 ↔ 밟으세요】 컨셉은 [잡지 말고 ↔ 잡으세요], [담지 말고 ↔ 담으세요], [걸지 말고 ↔ 걸으세요] 등 4·4조 음운이 술어 중심의 대조 반복으로 짝을 이루는 스토리로 전개되었다.

밟지 말고 밟으세요

〈모습은 비슷해도 결과는 정반대, 공익광고협의회, 2010〉

위 광고는 공익광고임에도 불구하고 〈2010 대한민국 공익광고제〉에서 'TV 부문 대상'을 수상했다. 또한 당시 패러디 영상과 콘텐츠가 유튜브와 각종 TV프로그램에서 유행할 정도로 인기였다.

이 광고의 특징은 술어 중심의 대조 반복을 4·4조의 스토리로 창작하고, 누구나 따라 부를 수 있는 동요로 제작해서 대중성을 높였다는 점이다. 그 내용은 아래와 같다.

밟지 말고 ↔ 밟으세요!

올리지 말고 ↔ 올리세요!

잡지 말고 ↔ 잡으세요!

담지 말고 ↔ 담으세요!

걸지 말고 ↔ 걸으세요!

나만 말고 ↔ 모두를 위해

모습은 비슷해도 ↔ 결과는 정반대입니다

【밟지 말고 ↔ 밟으세요】 CM의 언어유희 스토리텔링 분석

기승전결	V/A	카피 + 이미지 스토리텔링
기 자동차 ↕ 자전거 (출근) ↓	video	차 엑셀이 아닌 자전거 페달 밟는 모습 ——→ 
	audio	밟지 말고 / 밟으세요
승 에너지 낭비 ↕ 에너지 절약 (직장/퇴근) ↓	video	난방 온도가 아닌 옷 지퍼 올리기 ——→ 엘리베이터 버튼이 아닌 계단 오르기 ——→ 
	audio	올리지 말고 / 올리세요 / 잡지 말고 / 잡으세요
	video	비닐봉지가 아닌 시장 바구니 사용 ——→ 자동차 타기가 아닌 걷기 ——→ 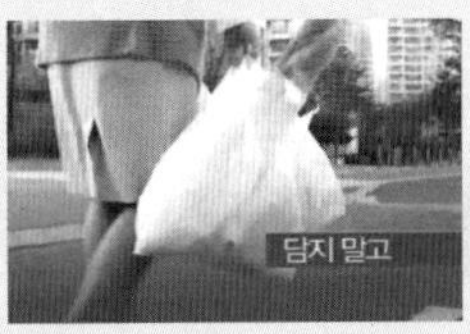
	audio	담지 말고 / 담으세요 / 걸지 말고 / 걸으세요
전 에너지 절약 필요 (인간과 자연의 공존) ↓	video	인간과 동물을 위한 에너지 절약 ——→ 
	audio	나만 말고 / 모두를 위해
결 에너지 절약 실천 (정리)	video	녹색생활 실천 강조 ——→ 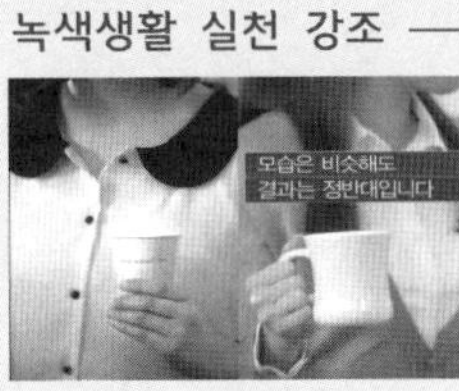
	audio	모습은 비슷해도 결과는 정반대입니다 / 실천이 늘어날수록 CO_2는 줄어듭니다

〈출처: 공익광고협의회, 33초〉

※ 스토리텔링 요점: **밟지 말고(CO_2 증가) ↔ 밟으세요(CO_2 감소), CO_2 줄이기**

03
스토리텔링

술어대조

① 우측의 〈출처〉 CM을 시청한 후, [술어 대조] 컨셉 사례 응용 및 상상을 통한 스토리텔링

② 02 카피라이팅 사례 응용을 통한 스토리텔링

③ 유튜브와 광고 사이트 검색을 통한 스토리 컨셉 찾기와 메모하기

~하지 않는다 ↔ ~한다(합니다) 컨셉

아무도 이 사람을 '초등학교 중퇴자'로 기억하지 않습니다

↔ 우리는 이 사람을 '발명왕 에디슨'으로 기억합니다

아무도 이 사람을 '장애인'으로 기억하지 않습니다

↔ 우리는 이 사람을 '미국 4선 대통령 루즈벨트'로 기억합니다

아무도 이 사람을 '시골 구멍가게 둘째 딸'로 기억하지 않습니다

↔ 우리는 이 사람을 '영국병을 고친 철의 여인 대처'로 기억합니다

〈삼성 애디슨, 루즈벨트 편〉

~하세요 ↔ ~하지 마세요 컨셉

숲을 보려면 숲을 보지 마세요

↔ 숲을 보지 말고 나무 하나하나를 보세요

사람들을 알고 싶으면 사람들을 만나지 마세요

↔ 사람들을 만나지 말고 한 사람 한 사람을 만나세요

〈정철 카피책〉

펜은 칼보다 강하다!
펜보다 연필이 더 강하다!
지우개라는 겸손이 있으니까!

PART 3

공감대활용 언어유희

공감대共感帶는 '서로 공감이 가는 부분'이다. 즉, 나도 알고 상대도 아는 것이 '공감共感'이고, 공감의 세세한 부분이 '대帶'이다. 심리학자 프롬은 사람의 마음을 움직이는 것은 논리와 설득보다도 공감대 형성이 중요하다고 했다. 반대로 공감대가 없거나 부족한 컨셉은 홍보를 목적으로 하는 언어유희에서 무의미한 것이다.

공감대가 형성되려면 본래 시간이 필요하다.
그런데 홍보는 주어진 시간이 매우 짧다는 특성이 있다.
특히 매일 홍수처럼 쏟아지는 홍보물과
수많은 경쟁상대와 경쟁해야 하는 미디어 환경에서
나의 홍보물의 홍보효과를 기대하는 것은 쉬운 일이 아니다.
특히 유튜브나 SNS 같은 온라인 홍보에서는 공감대가 없으면
주목받지 못하고, 뒤로 밀리고 어느새 사라지는 일이 부지기수다.
따라서 언어유희 홍보에서는 '공감대'를 최우선 요소로 삼아야 한다.
특히, **공감대는 출발Start 지점에서 불쏘시개와 같은 역할을 한다.**
공감대는 홍보의 시작에서 가장 큰 역할을 하고 필수적인 매개체이다.
예컨대 2017년 대선의 [문재인 1번가] 컨셉은
[11번가]라는 쇼핑몰 콘텐츠의 공감대를 활용한 것이 효과적이었다.
11번가를 1번가로 패러디 한 결과 많은 누리꾼들의 관심과 참여를 이끌어냈다.
또 [상어가족(아기상어)] 컨셉 등을 패러디한 선거홍보 CM송은
익숙한 멜로디와 시각적인 공감대로 언론의 집중 조명을 받았다.
짧은 시간 내에 고객의 시선을 사로잡아야 하는 홍보의 특성 상,
타깃에 적합한 '공감대 언어'는 아무리 강조해도 지나치지 않다.

7장

"공감대가 큰 네임을 활용하면 절반은 먹고 들어간다!"

유명 네임의 공감대활용 언어유희

A 유명 브랜드名 변형 컨셉

B 유명 인名 대입 컨셉

A

유명 브랜드名 변형 컨셉

유명 브랜드名 컨셉은 잘 알려진 브랜드 이름을 활용한 언어유희 기획이다. 여기서 '유명'의 해석이 모호하다. 홍보 컨셉에서 '유명'은 타깃에 따라 달라지기 때문이다. 예컨대 [문재인1번가]의 [1번가] 컨셉은 〈11번가〉를 패러디 했지만 인터넷 사용자들이 주요 타깃이다. 또 유명 브랜드를 그대로 모방한 것보다 적절하게 비틀고 대입하는 것이 효과적이다.

사례

01. **【문재인1번가←11번가】** | 브랜드名 패러디화 | 브랜드名 핵심어 합성 | 브랜드名 연음화 | 브랜드名 특정음 강화 | 브랜드名 특정음 반복 |

02. 브랜드名 핵심어 합성 | 브랜드名 연음화 | 브랜드名 특정음 반복 |

03. 브랜드名 연음화 |

01 네 이 밍

브랜드名 변형

문재인 1번가

[ㅇㅇㅇ 1번가]

【문재인 1번가】 컨셉은 〈11번가〉라는 쇼핑몰 사이트의 공감대를 활용한 네이밍 컨셉이다. 대중적인 공감대를 불러일으킬 수 있는 쇼핑몰 네임과 쇼핑몰 콘텐츠를 패러디하여 온라인 선거홍보와 적절히 혼합하였다.

문재인 1번가 ← 11번가

〈더불어민주당 문재인 대통령 후보 홈페이지, 2017〉

【문재인 1번가】 컨셉은 전 국민적인 관심을 이끄는데 성공한 국내 최초의 정책 쇼핑몰(www.moon1st.com)이다. 이 컨셉에는 3가지의 공감대가 숨어있다. 첫째 〈11번가〉라는 브랜드의 공감대이고, 둘째 기존 선거에서 고착화되어있는 '기호 1번'을 최초로 [1번가]로 바꾸었다는 공감대다. 셋째 네임뿐만 아니라 쇼핑몰이라는 콘텐츠까지 '정책(공약) 쇼핑몰'로 바꾼 공감대다.

다음은 문재인 대선 캠프에서 SNS 팀을 이끌었던 김선 팀장의 소회이다. "아무리 재미있게 만들어도 뷰(view)수가 몇 천 건 밖에 안 나옵니다. 정책을 많이 준비해도, 많은 사람들이 관심을 갖고 봐야 하는데 보지 않다는 게 고민이죠. 그래서 재미있게 효과적으로 알릴 방법이 없을까 고민하다가, 팀 회의 중에 일상에서 익숙한 쇼핑몰 〈11번가 쇼핑몰〉이 나와서 그것을 컨셉으로 결정했습니다."

그리고 선거 이후에도 새 정부는 [1번가] 컨셉을 이어서 열린소통포럼 **[광화문 1번가]** 사이트(www.gwanghwamoon1st.go.kr)를 오픈하였다.

01 공감컨셉

브랜드名 변형

① 우측의 [브랜드명] 컨셉 사례 응용 및 상상을 통한 네이밍

② 02 카피라이팅 사례의 추출을 통한 네이밍

③ 콘텐츠 사이트 검색을 통한 새로운 네이밍 컨셉 찾기와 메모하기

브랜드名 패러디화 컨셉

8월의 크리스마스 〈영화〉 ← 12월의 크리스마스

살인의 추억 〈영화〉 ← 사랑의 추억

마이너스의 손 〈웹툰〉 ← 마이다스의 손

나이야 가라 〈노인대학〉 ← 나이아가라

전의 전쟁 〈전식당〉 ← 쩐의 전쟁 〈SBS〉

뜨거운 사이다 〈On Style〉 ← 시원한 사이다

강유미의 흑터뷰 〈sbs 블랙하우스〉 ← 인터뷰

비정상회담 〈JTBC〉 ← 정상회담

블랙하우스 〈sbs 블랙하우스〉 ← 화이트하우스

살찌는 다이어트 ← 살빼는 다이어트

01 네이밍

브랜드名 변형

① 우측의 [브랜드명] 컨셉 사례 응용 및 상상을 통한 네이밍

② 02 카피라이팅 사례의 추출을 통한 네이밍

③ 광고 사이트 검색을 통한 새로운 네이밍 컨셉 찾기와 메모하기

브랜드名 핵심어 합성 컨셉

육대장 〈농심〉 ← 육개장+大

맛캉스 ← 바캉스+맛

花났다 ← 화났다+花

No가리 ← 노가리+NO

꿀라보레이션 ← 꿀+Collaboration

활기차뇌 〈천호엔케어〉 ← 활기차네+뇌

싸다구 〈핫딜쇼핑 쿠차〉 ← 싸다+싸다귀

현모양초 ← 현모양처+초

갈비레오 〈bhc〉 ← 갈비+~레요

네모라구요 〈네모〉 ← 네 뭐라고요?

브랜드名 연음화 컨셉

메로나 〈빙그레〉 ← 메론

바푸리 ← 밥퍼

다드루와 ← 다들어와

유쾌한 육회 〈육회전문점〉

같이의 가치 〈NH 농협〉

01 공감컨셉

브랜드名 변형

① 우측의 [브랜드명] 컨셉 사례 응용 및 상상을 통한 네이밍

② 02 카피라이팅 사례의 추출을 통한 네이밍

③ 다양한 사이트 검색을 통한 새로운 네이밍 컨셉 찾기와 메모하기

브랜드名 특정음 강화 컨셉

썰전 〈JTBC〉 ← 설전

커밍쑨 〈채널A〉 ← 커밍순

쎈 〈쎈수학〉 ← 센

김쌤 영어 〈윌비스〉 ← 김선생 영어

쑈쑈쑈 ← 쇼쇼쇼

깝스 〈코미디빅리그〉 ← 캅스(COPS)

꼽빼기 〈꼽빼기회집〉 ← 곱배기

쫄병 〈농심〉 ← 졸병

특쫑 〈백발백중〉 ← 특종

찐하게 한잔 ← 진하게 한잔

빡치미 〈EBS〉 ← 백치미

브랜드名 특정음 반복 컨셉

쿠쿠(cuckoo) 〈쿠쿠〉 ← 쿡(cook)+쿡

뭅뭅 〈뭅뭅〉 ← 무비(movie)+무비

뱅뱅 〈뱅뱅〉 ← 뱅(bang)+뱅

生生우동 〈농심〉 ← 생(生)+생

요기요 (yo gi yo) 〈알지피코리아〉 ← 여기요

02
카피라이팅

브랜드名 변형

① 우측의 [브랜드명] 카피 컨셉 사례 응용을 통한 카피라이팅

② 01 네이밍의 사례 응용을 통한 카피라이팅

③ 관련 광고 사이트 등의 검색을 통한 카피 컨셉 찾기와 메모하기

브랜드名 핵심어 합성 컨셉

아프지말겔! 참지말겔! 속전속겔 〈멘소래담 겔〉 ← 아프지말길+겔, 참지말길+겔

컵피자 컵나좋군 〈오뚜기 컵피자〉 ← 컵+피자 컵+겁나좋군

어서옥션 〈옥션〉 ← 어서옵쇼+옥션

결혼해듀오 〈듀오〉 ← 결혼해주오+듀오

만나게해듀오 〈듀오〉 ← 만나게해주오+듀오

피자, 헛먹었습니다 〈미스터피자〉 ← 피자, 잘못먹었습니다+피자헛

LG → Life's Good 〈LG전자〉

DB → Dream Big 〈DB 동부화재〉

SRT → START SRT 〈SRT〉

브랜드名 연음화 컨셉

아픈 잎엔 아프니벤 큐액 〈코오롱제약〉

배가 안 아프고 싶을 땐 아나파배 〈제이에스제약〉

너랑 나랑 놀앙 노랑풍선 〈노랑풍선〉

02
공감컨셉

브랜드名 변형

① 우측의 [브랜드명] 카피 컨셉 사례 응용을 통한 카피라이팅

② 01 네이밍의 사례 응용을 통한 카피라이팅

③ 각종 광고 사이트 등의 검색을 통한 카피 컨셉 찾기와 메모하기

브랜드名 특정음 반복 컨셉

두 번 잠그니까 락앤락(LOCK & LOCK) 〈락앤락〉 ← 락(LOCK)+락

트러스트 TS 〈TS〉

물론 머시론 〈머시론〉

보험의 바른이치 굿리치 〈굿리치〉 ← 이치

백두산 백산수 〈농심〉 ← 백산

그래, 청춘은 깡이다 새우깡 〈농심〉 ← 깡

6월은 肉월이다 〈이마트〉 ← 유월(육월)

삼세계 이마트 삼겹살에 대한 고집 〈이마트〉 ← 삼겹살

03 스토리텔링

브랜드名 변형

① 우측의 [브랜드명] 컨셉 사례 응용 및 상상을 통한 스토리텔링

② 02 카피라이팅과 01 네이밍 사례 응용을 통한 스토리텔링

③ 유튜브와 광고 사이트 검색을 통한 스토리 컨셉 찾기와 메모하기

브랜드名 연음화 컨셉

여행 어떻게 갈지 고민되지?

아니, **그냥 노랑**

그냥 떠나면 힘들지 않을까?

아니, **편하게 노랑**

마음처럼 편하진 않을걸.

아니, **걱정없이 노랑**

생각이 달라도 취향이 달라도

노랑풍선이 있으니까

너랑 나랑 노랑

노랑풍선

〈노랑풍선〉

펜은 칼보다 강하다!
펜보다 연필이 더 강하다!
지우개라는 겸손이 있으니까!

B

유명 인名 컨셉

유명 인名 컨셉은 유명인의 이름과 홍보 대상의 연관성을 연결한 언어유희 기획이다. 사례로는 유희열의 [희열을 느껴라], '백다방'이 아닌 [빽다방], '문재인 후원회'가 아닌 [문재힘 후원회] 등 다양하다. 이 컨셉의 특징은 그대로 따라하는 게 아니라 비틀고 응용해서 주목토록 만드는 것이다. 따라서 이 컨셉은 개인의 이름을 포트폴리오나 이력서, SNS 프사 등에 적극 활용하기를 추천한다.

사례

01. 유명인名 동음 대입 | 유명인名 유사음 대입 | 유명인名 특정음 강조 |

02. 유명인名 동음 대입 | 유명인名 유사음 대입 |

03. 유명인名 동음 대입 | 유명인名 유사음 대입 |

01 네 이 밍

유명인名 대입

① 우측의 [유명인 이름] 컨셉 사례 응용 및 상상을 통한 네이밍

② 02 카피라이팅 사례의 응용을 통한 네이밍

③ TV CF와 유튜브 검색을 통한 새로운 네이밍 컨셉 찾기

유명인名 동음 대입 컨셉

유희열 → 희열을 느껴라

이적 → 이적하라

김용건 → 용건만 간단히

신동엽 → 신(辛) 동대문 엽기 떡볶이 〈엽떡〉

성시경 → 성균관대 고시 경기고 출신 정부

라미란 → 미란다(多) 원칙 〈스카이라이프〉

유명인名 유사음 대입 컨셉

김승우의 승승장구 〈KBS〉 ← 김승우

문재인 후원은 '문재힘 후원회' 〈문재인후원회〉

지킬 & 하이드 → 지킬 & 앤 & 가이드 〈한국인터넷진흥원〉

올리비아 핫세 → 올리비아 핫바

유명인名 특정음 강조 컨셉

백종원 다방 → 빽다방 〈백종원 커피전문점〉

박선생님의 센 다이어트 → 빽쌤의 빡쎈 다이어트

김선생 영어 → 김쌤 영어 〈윌비스〉

02
카피라이팅

유명인名 대입

① 우측의 [유명인 이름] 카피 컨셉 사례 응용 및 상상을 통한 카피라이팅

② 01 네이밍 사례의 응용을 통한 카피라이팅

③ 유튜브와 TV CF 사이트 검색을 통한 카피 컨셉 찾기와 메모하기

유명인名 동음 대입 컨셉

새로운 경기! 이제, 이재명! 〈경기도지사 후보〉 ← 이재명

하태 하태 하태경! 〈바른미래당 국회의원〉 ← 하태경

해두 해두 너무해 〈경기 수원시의회 후보〉 ← 오해두

일꾼도지사 시종일관 이시종 〈충북도지사 후보〉 ← 이시종

요즘 숙취해소엔 상쾌환이 대세지 ← 정대세

그려~ 양승조여~ 〈충남도지사 후보〉 ← 양승조

하지원 G1 〈아식스 G1〉 ← 하지원

1566-0924 영구크린 09clean.com 〈영구크린〉 ← 조영구

유명인名 유사음 대입 컨셉

착한 타이어 하~세호! 〈스피드메이트〉 ← 조세호

추추 생일Choo카 ← 추신수

달달 무슨달 쟁반 같은 조영달 〈서울시교육감 후보〉 ← 조영달

연기의 신 하균신(神) 〈배우 신하균〉 ← 신하균

필요허요! 함께 허요! 〈경남 창원시의회 후보〉 ← 허요

거시기 거석이 있잖여~ 서거석이 〈전북도교육감 후보〉 ← 서거석

03
스토리텔링

유명인名 대입

① 우측의 [유명인 이름] 컨셉 사례 응용 및 상상을 통한 스토리텔링

② 02 카피라이팅 또는 01 네이밍 사례 확장을 통한 스토리텔링

③ 유튜브와 광고 사이트 검색을 통한 스토리 컨셉 찾기와 메모하기

유명인名 동음 대입 컨셉

(배우) 김용건 출연 →

국제전화는 용건만 간단히?

국제전화는 용건만 간단히?

용건씨

국제전화는 용건만 간단히

〈SK텔레콤〉

(가수) 유희열, 이적 출연 →

UHD방송, 희열을 느끼려면

스카이라이프로 이적하라!

UHD life sky life

〈스카이라이프〉

유명인名 유사음 대입 컨셉

(배우) 강동원 출연 →

난 나이 좀 있는 남자가 좋더라

근데 넌 너무 동안이야

나는 동원이야

〈LG 싸이언 아이디어〉

펜은 칼보다 강하다!
펜보다 연필이 더 강하다!
지우개라는 겸손이 있으니까!

8장

"공감대가 큰 타이틀을 활용하면 절반은 먹고 들어간다!"

유명 타이틀의 공감대활용 언어유희

A 영화 타이틀 변형 컨셉

B 애니메이션 타이틀 변형 컨셉

C 책 타이틀 변형 컨셉

D 방송 프로그램 타이틀 변형 컨셉

E 음악 타이틀 변형 컨셉

A

영화 타이틀 변형 컨셉

영화 타이틀 변형 컨셉은 잘 알려진 영화 제목의 공감대를 활용하여 새로운 네임을 창작하는 언어유희 기획이다. 기존의 사례로는 '내부자들'의 [외부자들], '두사부일체'의 [집사부일체], '슈퍼맨'의 [슈가맨], '영웅본색'의 [아빠본색] 등의 언어유희가 있다. 이 컨셉은 프로그램 외에도 각종 행사나 이벤트 등의 타이틀에 활용할 수 있다. 무엇보다 홍보 타깃에 맞는 영화 장르와 시대성, 단발성 등을 고려해야 한다.

사례

01. 한국영화 타이틀 | 외국영화 타이틀 |

01 네 이 밍

영화 타이틀 변형

① 우측의 [영화 타이틀] 컨셉 사례 응용 및 상상을 통한 네이밍

② 영화 사이트 검색을 통한 새로운 네이밍 컨셉 찾기와 메모하기

한국영화 타이틀 컨셉

내부자들 → 외부자들 〈채널A〉

두사부일체 → 집사부일체 〈SBS〉

신세계 → 삼세계 〈이마트 기획전〉

바람의 파이터 → 뉴스파이터 〈MBN〉

연애의 기술 → 신경끄기의 기술 〈갤리온〉

투캅스 → 투깝스 〈KBS2〉

101번째 프로포즈 → 101세의 프로포즈 〈KBS1〉

베테랑 → 버터랑

외국영화 타이틀 컨셉

닥터 지바고 → 닥터 홍바고

슈퍼맨 → 슈가맨 〈JTBC〉

반지의 제왕 → 엄지의 제왕 〈MBN〉

영웅본색 → 아빠본색 〈채널A〉

글래디에이터 → 글래머웨이터 〈블로거 닉네임〉

라이언일병구하기 → 고봉실아줌마구하기 〈윤상호 감독 영화〉

나홀로 집에 → 나홀로 P방에 〈OOPC방〉

죽은 시인의 사회 → 죽은 시인의 죽

양들의 침묵 → 양들의 메밀묵

펜은 칼보다 강하다!
펜보다 연필이 더 강하다!
지우개라는 겸손이 있으니까!

B

애니메이션 타이틀 변형 컨셉

애니메이션 타이틀 변형 컨셉은 유명한 애니메이션 제목을 활용하여 새로운 네임을 창작하는 언어유희 기획이다. 기존의 사례로는 애니메이션 '벅스라이프'를 [박스라이프]로, '오즈의 마법사'를 [오지의 마법사]로, '은하철도 999'를 [평화철도 111] 등이 있다. 이 컨셉은 각종 타이틀과 상호, 유머 언어유희 등에 활용할 수 있다. 이 컨셉은 프로그램 외에도 각종 행사나 이벤트 등의 타이틀에 활용할 수 있다.

사례

01 네 이 밍

애니 타이틀 변형

① 우측의 [애니메이션] 컨셉 사례 응용 및 상상을 통한 네이밍

② 관련 사이트 검색을 통한 새로운 네이밍 컨셉 찾기와 메모하기

미국 애니메이션 타이틀 컨셉

벅스라이프 → 박스라이프 〈SBS〉

오즈의 마법사 → 오지의 마법사 〈MBC〉

니모를 찾아서 → 명인을 찾아서

백설공주 → 뱃살공주 〈윔피키드〉

이상한 나라의 앨리스 → 이상한 나라의 며느리 〈MBC〉

톰과 제리 → 톰과 란제리 〈비전코리아〉

일본 애니메이션 타이틀 컨셉

은하철도 999 → 은하철도 곱곱곱 〈곱창전문점〉 평화철도 111 〈민주당〉

포켓몬스터 → 폭행몬스터 〈윔피키드〉

명탐정 코난 → 명란젓 코난 〈윔피키드〉

센과 치히로의 행방불명 → 생갈치 1호의 행방불명 〈비전코리아〉

C

책 타이틀 변형 컨셉

책 타이틀 변형 컨셉은 베스트셀러 등 책 제목을 변형하여 새로운 네임을 창작하는 언어유희 기획이다. 기존의 사례로는 '엄마를 부탁해'를 [냉장고를 부탁해]로, '용비어천가'를 [농비어천가]로, '천일야화'를 [천일야사]로, '삼총사'를 [섬총사]로, '미운 오리 새끼'를 [미운 우리 새끼]로 등이 있다. 이 컨셉은 프로그램 외에도 각종 행사나 이벤트 등의 타이틀에 활용할 수 있다.

사례

01. 국내 책 타이틀 | 국외 책 타이틀 |

01 네 이 밍

책 타이틀 변형

① 우측의 [책 제목] 컨셉 사례 응용 및 상상을 통한 네이밍

② 인터넷 서점 검색을 통한 새로운 네이밍 컨셉 찾기와 메모하기

국내 책 타이틀 컨셉

엄마를 부탁해 〈신경숙 소설〉 → 냉장고를 부탁해 〈JTBC〉

봄날은 간다 〈이윤기의 소설〉 → 복날은 간다 〈비전코리아〉

용비어천가 〈세종 서사시〉 → 귀농프로젝트 농비어천가 〈SBS〉

국외 책 타이틀 컨셉

서유기 〈오승은 소설〉 → 화유기 〈tvN〉

천일야화 〈페르시아 설화〉 → 천일야사 〈채널A〉

삼총사 〈뒤마 소설〉 → 섬총사 〈OLIVE〉

말괄량이 길들이기 〈셰익스피어 희극〉 → 야생견 길들이기

미운 오리 새끼 〈안데르센 동화집〉 → 미운 우리 새끼 〈SBS〉

1984 〈조지오웰 소설〉 → 1Q84 〈무라카미 하루키 소설〉

D

방송 프로그램 타이틀 변형 컨셉

방송 프로그램 타이틀 변형 컨셉은 잘 알려진 방송프로그램 타이틀의 공감대를 활용하여 새로운 네임을 창작하는 기획이다. 기존의 사례로는 '세상에 이런 일이'를 [세상에 이런 법이]로, '수사반장'을 [사건반장]으로, '꽃보다 남자'를 [꽃보다 할배]로 등이 있다. 이 컨셉은 또 다양한 프로그램 타이틀이나 책 제목, 포트폴리오 타이틀 등에 활용할 수 있다.

사례

01. 시사교양 타이틀 | 다큐멘터리 타이틀 | 드라마 · 예능 타이틀 | 라디오 프로그램 타이틀 |

01 네이밍

방송P 타이틀 변형

① 우측의 [타이틀] 컨셉 사례 응용 및 상상을 통한 네이밍

② 방송 사이트 검색을 통한 새로운 네이밍 컨셉 찾기와 메모하기

시사교양 타이틀 컨셉

그것이 알고 싶다 〈SBS〉 → 그 분이 알고 싶다

추적 60분 〈KBS2〉 → 추적 60인분

통일전망대 〈MBC〉 → 취업전망대

다큐멘터리 타이틀 컨셉

동물의 왕국 〈KBS1〉 → 인삼의 왕국

세상에 이런 일이 〈SBS〉 → 세상에 이런 법이 〈시공사〉

우리 아이가 달라졌어요 〈SBS〉 → 우리 순이가 달라졌어요

드라마·예능 타이틀 컨셉

수사반장 〈MBC〉 → 사건반장 〈JTBC〉

꽃보다 남자 〈KBS2〉 → 꽃보다 할배 〈tvN〉

뭉쳐야 산다 → 뭉쳐야 뜬다 〈JTBC〉

라디오 프로그램 타이틀 컨셉

손에 잡히는 경제 〈MBC 라디오〉 → 손에 잡히는 어휘 〈푸른솔〉

정오의 희망곡 〈MBC 라디오〉 → 정오의 희망밥

E

음악 타이틀 변형 컨셉

음악 타이틀 변형 컨셉은 잘 알려진 음악 제목을 변형하여 새로운 네임을 창작하는 기획이다. 하지만 최신가요의 경우 유행이 지나면 잊혀질 수 있다는 점을 고려해야 한다. 기존의 사례로는 '강남스타일'을 [홍대스타일]로, '원숭이 엉덩이는 빨개'를 [현아는 빨개요]로, '두껍아 두껍아'를 [꼬북아 꼬북아]로 등이 있으며, 다양한 타이틀과 네임, 제목 등에 적용할 수 있다.

사례

01. 대중가요 타이틀 | 팝송 타이틀 | 구전동요 타이틀 | 현대동요 타이틀 |

01
네 이 밍

음악 타이틀 변형

① 우측의 [음악 타이틀] 컨셉 사례 응용 및 상상을 통한 네이밍

② 각종 음악 사이트 검색을 통한 새로운 네이밍 컨셉 찾기와 메모하기

구전동요 타이틀 컨셉

원숭이 엉덩이는 빨개 〈구전동요〉 → 현아는 빨개요 〈현아〉

두껍아 두껍아 〈구전동요〉 → 꼬북아 꼬북아 〈싸이 꼬북칩〉

현대동요 타이틀 컨셉

올챙이송 〈윤현진〉 → 두꺼비송

상어가족 〈스마트스터디〉 → 아기상어 〈한국당 로고송〉

대중가요 타이틀 컨셉

강남스타일 〈싸이〉 → 홍대스타일

굳세어라 금순아 〈현인〉 → 꽃피어라 달순아 〈KBS2〉

쨍하고 해뜰날 〈송대관〉 → 찜하고 회뜰날 〈OO횟집〉

팝송 타이틀 컨셉

Billie Jean 〈마이클잭슨〉 → 블루진

Da Da Da 〈트리오〉 → 더 더 더 〈현대자동차 블루드라이브〉

Tombe La Neige 〈아다모〉 → 돈벌어내주 〈조혜련 노래〉

펜은 칼보다 강하다!
펜보다 연필이 더 강하다!
지우개라는 겸손이 있으니까!

펜은 칼보다 강하다!
펜보다 연필이 더 강하다!
지우개라는 겸손이 있으니까!

9장

"공감대가 큰 언어를 사용하면 절반은 먹고 들어간다!"

대중언어의 공감대활용 언어유희

A 속담 변형 컨셉

B 명언 변형 컨셉

C 유행어 변형 컨셉

A

속담 변형 컨셉

속담 변형 컨셉은 친숙한 우리의 속담을 활용하여 새로운 언어유희를 창작하는 기획이다. 특히, 카피 창작에 용이하다. 기존의 사례로는 '세살 버릇 여든 간다'를 [세살 우유 백살까지]로, '가는 날이 장날'을 [가는 날이 입학날]로, '새 술은 새 부대에'를 [새 술은 새 부대찌개에]로 등이 무수히 많다. 속담 관련 서적을 찾는 것도 좋은 방법이며, 짧은 속담은 네이밍으로도 활용할 수 있다.

사례

02. 세 살 ○○ 여든 간다 | 가는 날이 ○날 | 뭉치면 살고 ○○○면 죽는다 | 새 술은 새 ○○에 | 하늘이 무너져도 솟아날 ○○이 있다 | 낮말은 ○가 듣고 밤말은 ○가 듣는다 | 암탉이 울면 집안이 ○○다 | 사공이 많으면 배가 ○○로 간다 |

02
카피라이팅

속담 변형

① 우측의 [속담] 카피 컨셉 사례 응용 및 상상을 통한 카피라이팅

② 속담 관련 서적과 사이트 등의 검색을 통한 속담 찾기와 메모하기

세 살 버릇 여든 간다 컨셉

→ 세 살 우유 백살까지 〈비전코리아〉

가는 날이 장날 컨셉

→ 가는 날이 입학날 〈한국방송통신대학교〉

뭉치면 살고 흩어지면 죽는다 컨셉

→ 뭉치면 죽고 분리하면 산다 〈재활용 분리수거〉

새 술은 새 부대에 컨셉

→ 새 술은 새 부대찌개에 〈부대찌게와 술 전문점〉

무소식이 희소식 컨셉

→ 무소속이 희소식 〈이종혁 부산시장 후보〉

02 공감컨셉

속담 변형

① 우측의 [속담] 카피 컨셉 사례 응용 및 상상을 통한 카피라이팅

② 속담 관련 서적과 사이트 등의 검색을 통한 속담 찾기와 메모하기

하늘이 무너져도 솟아날 구멍이 있다 컨셉

→ 하늘이 무너지면 지하도가 있습니다 〈방공대피요령〉

낮말은 새가 듣고 밤말은 쥐가 듣는다 컨셉

→ 낮말은 폰으로 듣고 밤말은 PC로 듣는다 〈한국방송통신대학교〉

암탉이 울면 집안이 망한다 컨셉

→ 암탉이 울어야 알을 낳는다

사공이 많으면 배가 산으로 간다 컨셉

→ 사공이 많으면 배가 빨리 간다

B

명언 변형 컨셉

명언 변형 컨셉은 은 잘 알려진 명언을 활용하여 새로운 카피 등의 언어유희를 창작하는 기획이다. 기존의 사례로는 '인생은 짧고 예술은 길다'를 [인생은 짧고 일회용품은 길다], '사람이 먼저다'를 [교육이 먼저다] 등으로 변형한 사례가 다양하다. 그리고 [한국 50년 여야 정치 → 삼겹살 불판], [적폐청산 → 청소]에 비유한 노회찬 의원 등의 촌철살인 어록 등 무궁무진하다. 명언 관련 인물의 인터넷 검색이나 서적을 찾으면 다양한 카피를 창작할 수 있다.

사례

02. 사람이 먼저다 | 오늘 일을 내일로 미루지 마라 | 인생은 짧고 예술은 길다 | Life is Short, Art is Long | Ape not kill ape | With great power comes... | Stay hungry, Stay foolish | 50년 여야 정치 → 삼겹살 불판 | 적폐청산 → 청소 | ㅇㅇ당 의원 → 모기 | 여당 의원과 권력 → 고양이와 생선 | 대통령과 국민 → 선장과 고객 | ~하는 사람은 ~ 합니다 × 2 | ~에서 ~가 아니라 ~에서 ~입니다 | ㅇㅇ the people × 3

02 카피라이팅

명언 변형

① 우측의 [명언] 카피 컨셉 사례 응용 및 상상을 통한 카피라이팅

② 명언 관련 서적과 사이트 등의 검색을 통한 속담 찾기와 메모하기

사람이 먼저다 컨셉

→ 차보다 사람이 먼저 〈DB 동부화재〉 교육이 먼저다

오늘 일을 내일로 미루지 마라 컨셉

→ 오늘 소주를 내일로 미루지 마라 〈정철 카피〉

인생은 짧고 예술은 길다 컨셉

→ 인생은 짧고 일회용품은 길다 〈공익광고협의회〉

Life is Short, Art is Long 컨셉

→ Life is Art, Art is FUN 〈아트서울기부〉

Ape not kill ape 〈혹성탈출〉 컨셉

→ Apple not kill apple.

With great power comes... 〈스파이더맨〉 컨셉

→ With great piano comes great responsibility.

Stay hungry, Stay foolish 컨셉

→ Stay____________, Stay ____________

02 공감컨셉

명언 변형

① 우측의 [명언] 카피 컨셉 사례 응용 및 상상을 통한 카피라이팅

② 명언 관련 서적과 사이트 등의 검색을 통한 속담 찾기와 메모하기

50년 여야 정치 → 삼겹살 불판 컨셉

→ "50년 동안 썩은 판을 이제 갈아야 합니다.

50년 동안 똑같은 판에 삼겹살을 구워먹으면 고기가 시커메집니다..."

〈노회찬 어록〉

적폐청산 → 청소 컨셉

→ "청소할 땐 청소해야지, 청소하는 게 '먼지에 대한 보복이다'

그렇게 얘기하면 됩니까?" 〈노회찬 어록〉

○○당 의원 → 모기 컨셉

→ 문재인 대통령을 마주하자 움츠러든 한국당 의원들을 보고

"거의 에프킬러를 발견한 모기들 같은 상황이죠." 〈노회찬 어록〉

여당 의원과 권력 → 고양이와 생선 컨셉

→ 선거구 획정에 대한 여당 의원의 주장을 듣고

"고양이에게 생선을 맡긴 게 아니라 생선을 특히 좋아하는

고양이들이 들어와 있었던 거죠." 〈노회찬 어록〉

02 카피라이팅

명언 변형

① 우측의 [명언] 카피 컨셉 사례 응용 및 상상을 통한 카피라이팅

② 명언 관련 서적과 사이트 등의 검색을 통한 속담 찾기와 메모하기

대통령과 국민 → 선장과 고객 컨셉

→ "국민은 '한국호'라는 배에 타고 있다. 선장인 나는 고객은 여러분을 편하게 모셔 계속 이배를 이용하도록 할 것이다." 〈노무현 어록〉

~하는 사람은 ~ 합니다 × 2 컨셉

→ "자신을 사랑할 줄 아는 사람은 세상을 사랑합니다.
세상을 사랑하는 사람은 불의에 분노하고 저항합니다." 〈노무현 어록〉

~에서 ~가 아니라 ~에서 ~입니다 컨셉

→ "역사는 전략과 정책에 의해서 이루어지는 것이 아니라
인간의 꿈과 의지에 의해서 이루어지는 것입니다." 〈노무현 어록〉

○○ the people × 3 컨셉

by the people, for the people, of the people 〈링컨 어록〉

펜은 칼보다 강하다!
펜보다 연필이 더 강하다!
지우개라는 겸손이 있으니까!

C

유행어 변형 컨셉

유행어 변형 컨셉은 잘 알려진 유행어의 공감대를 활용하여 새로운 언어유희를 창작하는 기획이다. 최신 유행어는 주로 TV CM이나 드라마, 영화의 대사 등에서 시작되는 경우가 많으며, 유행 기간이 지나면 식상해진다는 특징이 있다. 기존의 사례로는 '단언컨대 메탈은..'을 [단언컨대 뚜껑은..]으로, '니들이 게맛을 알어'를 [니들이 개맘을 알어]로, 'I'm your father'를 [I'm your Coffee] 등이 있다.

사례

02. 단언컨대 메탈은... | 니들이 게맛을 알어? | 내 마음 속에 저장 | 이거 실화냐? | 너나 가라 하와이 | 넌 내게 모욕감을 줬어 | I'm your father | I am still hungry |

02 카피라이팅

유행어 변형

① 우측의 [유행어] 카피 컨셉 사례 응용 및 상상을 통한 카피라이팅

② 각종 광고 사이트 등의 검색을 통한 카피 컨셉 찾기와 메모하기

단언컨대 메탈은... 컨셉

→ 단언컨대, 뚜껑은 가장 완벽한 물체입니다 〈김준현, 팔도 왕뚜껑〉

니들이 게맛을 알어? 컨셉

→ 니들이 개맘을 알어 〈꾸끼꾸끼〉

내 마음 속에 저장 컨셉

→ ___________, 내 마음 속에 저장

이거 실화냐? 컨셉

___________, 실화냐?

02 카피라이팅

유행어 변형

① 우측의 [유행어] 카피 컨셉 사례 응용 및 상상을 통한 카피라이팅

② 각종 광고 사이트 등의 검색을 통한 카피 컨셉 찾기와 메모하기

너나 가라 하와이 컨셉

→ 너나 가라 보라카이

넌 내게 모욕감을 줬어 컨셉

→ 넌 내게 목욕감을 줬어 〈애경〉

I'm your father 컨셉

→ i'm your 커피 〈아임유어커피〉

I am still hungry 컨셉

→ I am still ....

펜은 칼보다 강하다!
펜보다 연필이 더 강하다!
지우개라는 겸손이 있으니까!

10장

"익숙한 멜로디를 개사하면 절반은 먹고 들어간다!"

음악·음률의 공감대활용 언어유희

A 유명동요 개사 컨셉

B 구전동요 개사 컨셉

C 외국가요 개사 컨셉

D 국내가요 개사 컨셉

E 응원가 개사 컨셉

A

유명동요 개사 컨셉

유명동요 개사 컨셉은 누구에게나 잘 알려진 동요의 멜로디를 활용해서 개사하는 스토리텔링 기획이다. 무엇보다 빠르게 개사하여 바로 사용할 수 있다는 장점이 있다. 그러나 선곡과 편곡, 가수 등에 따라 느낌이 달라진다는 특성을 고려해야 한다. 이 컨셉은 선거로고송과 TV CM송에서 자주 활용되고 있다.

사례

03. **【상어가족(아기상어)】+ S 분석** | 올챙이송 | 뽀뽀뽀 | 앞으로 | 시장에 가면~~ | 당신은 누구십니까 | 푸른 하늘 은하수 |

03 스토리텔링

유명동요 개사

상어가족

[○○상어] + [뚜루루뚜루]

【상어가족】 컨셉은 멜로디가 심플하여 누구에게나 친숙하고 따라 부르기 쉽다는 장점이 있다. 특히 기존의 곡에 간단한 개사만 하면 완성되기 때문에 홍보결과물의 제작시간을 크게 줄일 수 있다는 장점이 있다.

상어가족(아기상어) → ○○○○

〈스마트스터디(원곡, Baby Shark), 2017〉

【상어가족】은 2017년, 우리나라에서 가장 인기 있는 동영상으로 유튜브 조회수가 15억 뷰를 돌파한 동요 애니메이션이다.
원곡은 북미권 동요 〈Baby Shark〉이며, 우리나라에서는 '스마트스터디'라는 기업이 핑크퐁 시리즈의 일환으로 리메이크하였다.
이 동요는 [○○상어]와 [뚜루루뚜루]라는 2가지 형태의 반복되는 가사와 리듬이 특징이다. 이 때문에 중독성이 강하다. 영유아들을 타깃으로 아기상어부터 엄마, 아빠, 할아버지 상어 등이 기승전결스토리로 나오고, 다채로운 색상 등 시각적 애니메이션으로 유튜브를 공략한 것이 주요 성공요인으로 꼽힌다.
우리나라에서는 2018년 613 지방선거에서 자유한국당의 선거로고송으로 화제가 되었다.

→ 아기바램 **뚜루루뚜루** 안전한 한국당 기호2번 **뚜루루뚜루**

엄마바램 **뚜루루뚜루** 건강한 한국당 기호2번 **뚜루루뚜루....**

〈2018년 지방선거 자유한국당 로고송〉

【상어가족】 애니메이션의 언어유희 스토리텔링 분석

	V/A	
기 ①아기상어 ②엄마상어 ③아빠상어 ④할머니상어 ⑤할아버지상어 소개 ⬇		아기상어 소개 ⟶
	video	
	audio	①아기상어 뚜루루뚜루 / 귀여운 뚜루루뚜루 / 바닷속 뚜루루뚜루 / 아기상어!
		엄마상어 소개 ⟶
	video	
	audio	②엄마상어 뚜루루뚜루 / 어여쁜 뚜루루뚜루 / 바닷속 뚜루루뚜루 / 엄마상어!
		"반복" (③아빠상어 → ④할머니상어 → ⑤할아버지상어)
승 ●무서운 상어가족 소개 ⬇		5마리 상어가족 소개 ⟶
	video	
	audio	●우리는 뚜루루뚜루 / 바다의 뚜루루뚜루 / 사냥꾼 뚜루루뚜루 / 상어가족!
전 ❶쫓고 ❷쫓기는 바다 속 이야기 ⬇		상어가족의 긴박한 일상 ⟶
	video	
	audio	❶상어다 뚜루루뚜루 / 도망쳐 뚜루루뚜루 / 도망쳐 뚜루루뚜루 / 숨자! 으악!
		사이좋은 친구들 ⟶
	video	
	audio	❷살았다 뚜루루뚜루 / 살았다 뚜루루뚜루 / 오늘도 뚜루루뚜루 / 살았다! 휴!
결 ■신나고 즐거운 상어가족		상어가족과 친구들 ⟶
	video	
	audio	■신난다 뚜루루뚜루 / 신난다 뚜루루뚜루 / 춤을 춰 뚜루루뚜루 / 노래끝! 오예!

〈출처: www.youtube.com, 스마트스터디, 1분 56초〉

※ 스토리텔링 요점: 상어가족(아기+엄마+아빠 상어...) 소개와 바다 속 이야기

03 스토리텔링

유명동요 개사

① 우측의 [동요] 스토리 컨셉 사례 응용 및 상상을 통한 스토리텔링

② 각종 동요 사이트 검색을 통한 스토리 컨셉 찾기와 메모하기

올챙이송 컨셉

개울가에 올챙이 한 마리 꼬물꼬물 헤엄치다~ 뒷다리가 쑤욱 앞다리가 쑤욱

팔딱팔딱 개구리 됐네

〈동요, 올챙이송〉

→ 더운여름 에어콘 살 때 이곳저곳 헤매지마~ 저렴하게 wow 편리하게 wow

삼성삼성 디지털플러스

뽀뽀뽀 컨셉

아빠가 출근할 때 뽀뽀뽀

엄마가 안아줘도 뽀뽀쪼.....

앞으로 컨셉

앞으로 앞으로 앞으로 앞으로

지구는 둥그니까 자꾸 걸어 나가면...

03
공감컨셉

유명동요 개사

① 우측의 [동요] 스토리 컨셉 사례 응용 및 상상을 통한 스토리텔링

② 각종 동요 사이트 검색을 통한 스토리 컨셉 찾기와 메모하기

시장에 가면~~ 컨셉

시장에 가면 사과도 있고 수박도 있고 딸기도 있고~

체리도 있고 와 과일이 많다 맛있겠다~

→ 일본에 가면 초밥도 있고 초밥도 있고 초밥도 있고...

〈KTF SHOW〉

당신은 누구십니까 컨셉

당신은 몇 살 입니까?~ (길거리 흡연)

당신은 몇 살 입니까?~ (지하철 화장)

당신은 몇 살 입니까?~ (공항 소음)

당신의 [공공예절]은 몇 살 입니까?

그곳은 아름답구나

〈공익광고협의회〉

푸른 하늘 은하수 컨셉

푸른 하늘 은하수 하얀 쪽배에

계수나무 한 나무 토끼 한 마리.....

B

구전동요 개사 컨셉

구전동요 개사 컨셉은 입에서 입으로 전하여 내려오는 어린이들의 노래를 개사한 스토리텔링 기획이다. 이 컨셉은 저작권료를 지불하지 않아도 된다는 큰 이점이 있다. 예컨대 [원숭이 엉덩이는 빨개~], [꼭꼭 숨어라~], [두껍아 두껍아], [자장 자장~], [무궁화 꽃이 피었습니다~~] 등 무수히 많다.

사례

03. 원숭이 엉덩이는~ | 꼭꼭 숨어라~ | 두껍아 두껍아~ | 자장 자장~ | 어디만큼 왔니? |

03

스토리텔링

구전동요 개사

① 우측의 [구전동요] 스토리 컨셉 사례 응용 및 상상을 통한 스토리텔링

② 구전동요 사이트 검색을 통한 스토리 컨셉 찾기와 메모하기

원숭이 엉덩이는~ 컨셉

원숭이 엉덩이는 빨개~ 빨가면 사과~ 사과는 맛있어~ 맛있으면 바나나~ 바나나는 길어~ 길면 기차~ 기차는 빨라~ 빠르면 비행기~ 비행기는 높아~

→ 우리집 김치맛은 예술~ 예술은 당신~ 당신은 완벽해~ 완벽하면 지펠냉장고

〈지펠냉장고〉

→ 아빠 얼굴은 빨개~ 빨가면 신호등~ 신호등엔 멈춰~ 멈추면 정지선~ 정지선은 넘지마~ 넘지말자 속도~ 속도는 빨라~ 빠르면 위험해~ 위험하니 안전띠~ 안전띠를 착용해~ 착용하고 실천해~ 〈교줄송(교통사고 줄이기 송), 교통안전공단UCC공모전 수상작〉

→ 국회의원은 바빠~ 바빠도 제정해~ 제정하자 법률~ 법률을 지켜~ 지키자 정의~ 정의는 대변해~ 대변하자 민주주의~ 민주주의 대한민국~ 대한민국 열린국회

〈국회쏭, 대한민국 국회 홍보 UCC공모전 수상작〉

03
공감컨셉

구전동요 개사

① 우측의 [구전동요] 스토리 컨셉 사례 응용 및 상상을 통한 스토리텔링

② 유튜브와 동요 사이트 검색을 통한 스토리 컨셉 찾기와 메모하기

꼭꼭 숨어라~ 컨셉

꼭꼭 숨어라~ 머리카락 보인다~

→ 꼭꼭 감아라~ 머리카락 빠질라~ 꼭꼭 감아라~ TS로 감아라~

늦기 전에 감아라~ TS로 감아라~ 28가지 핵심성분 TS　TruSt TS

〈탈모닷컴 TS〉

두껍아 두껍아~ 컨셉

두껍아 두껍아~ 헌집줄게 새집다오~

→ 거북아 거북아~ 한 겹 줄게 네 겹 다오~ 꼬북아 꼬북칩 is 네겹

〈오리온 꼬북칩〉

자장 자장~ 컨셉

자장 자장 자장 자장

우리아기 얼뚱아기 잘도 잔다~~

어디만큼 왔니~ 컨셉

어디만큼 왔니

당당 멀었다~

C

외국가요 개사 컨셉

외국 가요 개사 컨셉은 어디선가 들어본 듯한 외국가요의 멜로디를 우리말로 개사하는 스토리텔링 기획이다. 외국가요의 공감대가 창의적인 결과물을 도출하는 경우가 많다. 이 컨셉은 평소 다양한 외국 가요에 대한 관심과 이를 선택할 수 있는 집중력이 필요하다. 홍보용에서는 전체를 사용하는 것보다 인상적이거나 특정한 부분을 잘라내서 사용하는 경우가 많다.

사례

03. 다다다다 | 빠담 빠담... | 라쿠카라차.. | 라밤바 | 오르나민C(요들송) | 할~렐루야 |

03

스토리텔링

외국가요 개사

① 우측의 [외국가요] 스토리 컨셉 사례 응용 및 상상을 통한 스토리텔링

② 유튜브와 가요 사이트 검색을 통한 스토리 컨셉 찾기와 메모하기

다 다 다 다.. 컨셉

Da Da Da~ 〈트리오〉

→ 더더더~ 더더더~ The The The 현대자동차 블루드리이브

빠담 빠담... 컨셉

Padam Padam 〈에디트 피아프〉

→ 빠름~ 빠름~ 빠름~ LTE 올레 〈KT 올레〉

라쿠 카라차 컨셉

라쿠카라차 〈멕시코 민요〉

→ 밥이 답이다(바비 다비다) 밥이 답이다 밥이 답이답이다 〈농림축산식품부〉

라밤바 컨셉

바라라라라밤바 〈라밤바 OST〉

→ 바나나나나맛 우유 〈바나나맛우유〉

03
공감컨셉

외국가요 개사

① 우측의 [외국가요] 스토리 컨셉 사례 응용을 통한 스토리텔링

② 유튜브와 가요 사이트 검색을 통한 스토리 컨셉 찾기와 메모하기

오로나민C(요들송) 컨셉

Sy Leer My Om Te Jodel(**아름다운 스위스 아가씨)**

→ **머리부터 발끝까지** 오로나민C 오로나민C 오로나민C

건강하고 활기차게 오로나민C 오로나민C 오로나민C.....

〈오로나민c〉

할~렐루야 컨셉

할~렐루야 할렐루야 할렐루야~

→ **할래누가 할래내가** 단기알바 주말알바 알바천국

할래누가 할래내가 동네알바 스펙알바 알바천국

〈알바천국〉

D

국내가요 개사 컨셉

국내가요 개사 컨셉은 잘 알려진 우리 가요의 멜로디를 언어유희로 변형하는 컨셉이다. 이 컨셉은 홍보 타깃이나 연령에 따라 트로트나 랩 등의 장르 선택이 바뀌며, 전체보다 특정 부분만 선택하고 잘라서 사용하기 때문에 평소 인상적이고 특징적인 가요의 부분을 선택하고 메모하는 습관이 필요하다.

사례

03. 야야 야야야야~~ | 밥밥 띠라라~~ | 짜라빠빠 | 나 나나나~ | 곤드레만드레 | 아끼려고 아끼려고~ | 이랬다가 저랬다가~ |

03
스토리텔링

국내가요 개사

① 우측의 [국내가요] 스토리 컨셉 사례 응용 및 상상을 통한 스토리텔링

② 각종 가요 사이트 검색을 통한 스토리 컨셉 찾기와 메모하기

야야 야야야야 ~ 컨셉

야야 야야야야 야야야야 야야야 꽃바구니 옆에 끼고~ 〈아리랑목동〉

→ 하야 하야하야 하야하야 하야하 순실이 옆에 끼고~ 〈하야가〉

밥밥 띠라라~~ 컨셉

밥밥띠라라 따리라리리라라~~ 〈클론〉

→ 볶음밥 띠라라 띠리라띠리라라

비빔밥 띠라라 띠리라띠리라라~~ 〈도시락전문점〉

짜라빠빠~~ 컨셉

짜라빠빠 그대는 아름다워 짜짜라짜라빠빠빠~~ 〈정광태〉

→ 짜라빠빠 ________는 아름다워 짜짜라짜라빠빠빠~~

나 나나나~ 컨셉

나 나나나 난나나나나 나~ 〈채연〉

→ 바나나나 나나나나맛 우유 〈바나나맛우유〉

곤드레만드레~~ 컨셉

곤드레 만드레 나는 취해버렸어~~ 〈박현빈〉

→ ....

03 공감컨셉

국내가요 개사

① 우측의 [국내가요] 스토리 컨셉 사례 응용 및 상상을 통한 스토리텔링

② 각종 가요 사이트 검색을 통한 스토리 컨셉 찾기와 메모하기

아끼려고 아끼려고~ 컨셉

아 그럴꺼야 나를 아낄려고 굳이 내게 말 안하고 멀리 떠나갔던가

〈날개 잃은 천사〉

→ 아끼려고 돈좀 아끼려고 굳이 최저가만 검색하고 있는가

아끼려고 돈좀 아끼려고 굳이 센 쿠폰 찾아보고 있는가

쉽게 찾을 수가 있는데 위메프에 있는데....

위메프 싸다싸다 싸다싸다 위메프 싸다싸다 〈위메프〉

이랬다가 저랬다가~ 컨셉

이랬다가 저랬다가 왔다갔다~ 〈새〉

→ QOOK했다가 SHOW했다가~

QOOK & SHOW 〈KTF QOOK & SHOW〉

E

응원가 개사 컨셉

응원가 개사 컨셉은 특정한 장르의 노래보다 잘 알려지고 편안한 멜로디를 개사하는 경우가 많다. 이 컨셉은 무난한 선곡을 통해 남녀노소 누구나 따라할 수 있도록 하는 목적이 있다. 특히 우리나라에서는 붉은악마의 [대~한민국 짝짝짝 짝짝]를 비롯하여 가장 인기있는 프로야구 선수들의 응원가로 많이 활용되고 있다.

사례

03. 대~한민국~ | 337 337~ | 프로야구 선수 응원가 |

03 스토리텔링

응원가 개사

① 우측의 [응원가] 스토리 컨셉 사례 응용을 통한 스토리텔링

② 각종 응원가 사이트 검색을 통한 스토리 컨셉 찾기와 메모하기

대~한민국 ~ 컨셉

대~한민국 짝짝짝 짝짝~ 〈붉은악마 응원가〉

→ 대~한TV 짝짝짝 짝짝~ 〈삼성〉

337 337~ 컨셉

응원박수 시작 337 337 3333 337 〈전자인간 337〉

프로야구 선수 응원가 컨셉

기아의 김주찬 기아의 김주찬 워어어어~ 〈러시아민요〉

기아의 안치홍 안치홍 안타치고 도루하고~ 〈Saturday Night〉

펜은 칼보다 강하다!
펜보다 연필이 더 강하다!
지우개라는 겸손이 있으니까!

11장

"익숙한 사자성어의를 활용하면 절반은 먹고 들어간다!"

사자성어의 공감대활용 언어유희

A 사자성어 변형 컨셉

B 사자성어 내 동음한자 교체 컨셉

C 사자성어 내 유사음한자 교체 컨셉

A

사자성어 변형 컨셉

사자성어 변형 컨셉은 대중적인 사자성어를 비틀고 응용해서 새로운 언어유희를 창작하는 기획이다. 사자성어는 4자를 통해 뜻하는 바를 정확하게 전달할 수 있고, 4자를 기준으로 다른 단어들과 이어붙이기가 용이하다는 장점이 있다.

이 책의 Part 2 〉 4장 〉 D의 「2자반복 4자성어 유형별 타입」 사례모음을 적절하게 활용하여 창작할 수 있다.

사례

01. **【작심3일(作心三日)】** | 백(百)장대소 | 돈(豚)육지책 | 인(人)사형통 | 적(積)립보행 | 유비무암(癌) | 천일야사(史) | 비행소녀(女) || 한식(韓食)대첩 | 팔팔청춘 | 多문多답 |

01 네 이 밍

사자성어 변형

作心三日

[작심삼ㅇ]

[작심ㅇㅇ일]

[작심ㅇ 3일]

[작심삼일 ㅇㅇㅇ]

[ㅇㅇㅇ 작심삼일]

[사자성어 + 작심삼일]

[작심삼일 + 사자성어]

사자성어 **【작심삼일(作心三日)】** 컨셉은 [작심]은 고정한 채 숫자 [3]이나 시기 [일] 등을 교체하여 다양한 언어유희를 창작할 수 있다.

작심3일(作心三日)

〈엔구, 2017〉

【작심삼일】 컨셉은 '결심이 3일도 되지 않아 흐지부지 된다'라는 뜻으로, 숫자 3자를 교체하는 방법 이외에 [년], [월], [일] 등의 기간과 글의 앞과 뒤에 수식어를 수정 또는 추가하는 등의 다양한 언어유희를 창작할 수 있다. 그 사례는 아래와 같다.

작심삼년(年) 〈한국투자증권〉

작심 365일

작심후 3일 〈다우〉

작심3일만 3년 〈상상의집〉

작심3일 끝내기 〈중앙m&b〉

굿바이 작심3일 〈위즈덤하우스〉

삼위일체 작심삼일 작전

작심삼일 자포자기

01 공감컨셉

사자성어 변형

① 우측의 [사자성어] 컨셉 사례 응용 및 상상을 통한 네이밍

② Part 2 〉 4장 〉 D 2자 반복 4자성어의 [사례모음]을 활용한 네이밍

③ 사자성어 검색을 통한 새로운 네이밍 컨셉 찾기와 메모하기

백(百)장대소 컨셉

백(百)장대소 예금 〈우리은행〉 ← 박장대소(拍掌大笑)

돈(豚)육지책 컨셉

돈(豚)육지책 〈한돈〉 ← 고육지책(苦肉之策)

인(人)사형통 컨셉

인(人)사형통 〈서울시 인사혁신〉 ← 만사형통(萬事亨通)

적(積)립보행 컨셉

적(積)립보행 〈KB국민은행〉 ← 직립보행(直立步行)

유비무암(癌) 컨셉

유비무암(癌) ← 유비무환(有備無患)

천일야사(史) 컨셉

천일야사(史) 〈채널A〉 ← 천일야화(千一夜話)

비행소녀(女) 컨셉

비행소녀(女) 〈MBN〉 ← 비행소년(非行少年)

01 네 이 밍

사자성어 변형

① 우측의 [사자성어] 컨셉 사례 응용 및 상상을 통한 네이밍

② Part 2 〉 4장 〉 D 2자 반복 4자성어의 [사례모음]을 활용한 네이밍

③ 사자성어 검색을 통한 새로운 네이밍 컨셉 찾기와 메모하기

한식(韓食)대첩 컨셉

한식(韓食)대첩 〈올리브TV〉 ← 한산대첩(閑山大捷)

팔팔청춘 컨셉

청춘팔팔 팔팔청춘 ← 이팔청춘(二八靑春)

多문多답 컨셉

다(多)문다(多)답 ← 자문자답(自問自答)

펜은 칼보다 강하다!
펜보다 연필이 더 강하다!
지우개라는 겸손이 있으니까!

B

사자성어 내 동음한자 교체 컨셉

사자성어 내 동음한자 교체 컨셉은 사자성어의 음(音)을 그대로 두고, 뜻이 다른 한자로 교체하는 기획이다. 이때 4글자 중 한 글자만 교체하는 경우가 다수이고, 두 글자를 교체하는 경우도 있다.

본 책의 Part 2 〉 4장 〉 D의 「2자반복 4자성어 유형별 타입」과 「순우리말 반복 의성어 · 의태어」 등의 사례모음을 활용할 수 있다.

사례

01. 신통방통 | 화기애애 | 가가호호 | 우왕좌왕 | 전화위복 |

01 네이밍

사자성어 동음교체

① 우측의 [사자성어] 컨셉 사례 응용 및 상상을 통한 네이밍

② Part 2 〉 4장 〉 D 2자 반복 4자성어의 [사례모음]을 활용한 네이밍

③ 사자성어 검색을 통한 새로운 네이밍 컨셉 찾기와 메모하기

신통방통 컨셉

신통방통한 뉴스 신통방통(新通放通) 〈TV조선〉 ← 神通-通

화기애애 컨셉

뜨거운 숯불맛집 화기애애(火氣愛愛) 〈강남역 고기집〉 ← 和氣靄靄

가가호호 컨셉

이웃 간 즐거운 얘기 가가호호(家家好好) ← 家家戶戶

우왕좌왕 컨셉

고수들의 좌충우돌 토크 우왕좌왕(右王左王) ← 右往左往

전화위복 컨셉

전화로 전화(電話)위복 ← 轉禍爲福

C

사자성어 내 유사음한자 교체 컨셉

사자성어 내 유사음한자 교체 컨셉은 사자성어의 음(音)과 뜻이 다른 한자로 교체하는 기획이다. 이때 사자성어의 4자 중 최소 2자는 고정되어 있고, 나머지 글자를 교체하는 경우가 많다.

이 책의 Part 2 〉 4장 〉 D의 「2자반복 4자성어 유형별 타입」과 「순우리말 반복 의성어 · 의태어」 등의 사례모음을 활용할 수 있다.

사례

01. 훈민젊음 | 속전속결 | 위풍닭닭 | 문전대박 | CCBB | 김씨초문 | 박학따식 | 따정따감 | 따재따능 | 따따익선 |

01
네 이 밍

사자성어 유사음 교체

① 우측의 [훈민젊음] 등 컨셉 사례 응용 및 상상을 통한 네이밍

② Part 2 〉 4장 〉 D 2자 반복 4자성어의 [사례모음]을 활용한 네이밍

③ 사자성어 검색을 통한 새로운 네이밍 컨셉 찾기와 메모하기

훈민젊음 컨셉

훈민정음 → 훈민젊음 〈삼성 신조어특강〉 훈남정음 〈SBS〉

속전속겔 컨셉

속전속결 → 속전속겔 〈멘소래담 겔〉

위풍닭닭 컨셉

위풍당당 → 위풍닭닭 〈위풍닭닭〉

문전대박 컨셉

문전박대 → 문전대박

CCBB 컨셉

시시비비(是是非非) → CCBB 서비스

김씨초문 컨셉

금시초문(今時初聞) → 김씨초문 콘서트

01 네이밍

사자성어 유사음 교체

① 우측의 [사자성어 유사음] 컨셉 사례 응용을 통한 네이밍

② Part 2 〉 4장 〉 D 2자 반복 4자성어의 [사례모음]을 활용한 네이밍

③ 관련 사이트 검색을 통한 새로운 네이밍 컨셉 찾기와 메모하기

박학따식 컨셉

박학다식 → 박·학·따·식 〈빙그레 따옴〉

따정따감 컨셉

다정다감 → 따·정·따·감 〈빙그레 따옴〉

따재따능 컨셉

다재다능 → 따·재·따·능 〈빙그레 따옴〉

따따익선 컨셉

다다익선 → 따·따·익·선 〈빙그레 따옴〉

펜은 칼보다 강하다!
펜보다 연필이 더 강하다!
지우개라는 겸손이 있으니까!

PART 4

문자의 단순화와 이미지화 언어유희

문자의 단순화와 이미지화는 홍보 컨셉을 선택할 때 필수 고려사항 중 하나이다. 단순할수록, 시각적일수록 기억하기 쉽고 홍보효과가 크며, SNS 미디어 시대에 시각적인 이미지의 비중이 더욱 커지기 때문이다. 그러나 스토리가 없는 단순화 또는 컨셉과 일치하지 않는 이미지화는 홍보의 역효과가 나타날 수 있다는 사실에 유의해야 한다.

언어유희 홍보에서 반드시 고려해야 할 요소 중 하나는 '단순화單純化'이다.
이것은 주로 영문 이니셜, 한글초성, 숫자 컨셉 등으로 나타난다.
우리나라 미디어 매체에서 단순화의 대표적인 사례는 '사람 이름'이다.
수십 년 전부터 김대중, 김영삼, 김종필 이름을 DJ, YS, JP 등 약어로 사용했다.
기업명은 언젠가부터 LG(럭키금성), SK(선경), KT(한국통신), DB(동부화재) 등
영문 이니셜로 바뀌는 추세다.
최근에는 한글을 단순화한 초성 사례가 증가하고 있다.
신세계 SSG의 [ㅅㅅㄱ-쓱] 컨셉과 18대 대통령 선거의 [ㅂㄱㅎ] 이모티콘,
TV 프로그램의 [ㅇㅃㅅㄱ] 컨셉 등 다양하다.
단순한 숫자를 활용한 언어유희 컨셉도 다양한 분야에서 사용되고 있다.
롯데제과의 [1111-빼빼로데이]가 숫자 컨셉의 대표적인 혁신 사례이다.
또 서울우유의 [1등급], 롯데칠성의 [2% 부족...], 조남주의 [82년생..] 등 다양하다.
왜 단순화일까?
홍보의 목적 달성에 유리하기 때문이다.
특히 단순화를 통한 '이미지화'에 유리하다.
이것은 미디어 홍보의 패러다임이 '듣는 언어유희'에서
'보는 언어유희'의 비중이 커지고 있음을 반증한다.

12장

"숫자의 단순성과 시각성을 활용하라!"

숫자활용 언어유희

A 숫자 네이밍 컨셉

B 숫자 단어 컨셉

C 한글 단위 숫자 컨셉

D 영문 단위 숫자 컨셉

E 타임 숫자 컨셉

A

숫자 네이밍 컨셉

숫자 네이밍 컨셉은 기존에 의미가 부여된 숫자, 혹은 새롭게 의미를 담은 숫자를 네이밍에 삽입하는 기획을 말한다. 숫자 컨셉의 특징은 단순한 형태로 이미지화가 용이하다는 점이다. 예컨대 [1111-빼빼로데이] 컨셉은 숫자 네이밍의 대표적인 성공사례이다. 그 밖에 [3M], [7UP], [777], [21세기폭스] 등의 제품명, 기업명사례, [007], [300], [은하철도999] 등의 영화 · 애니메이션 타이틀 사례, [2424], [8282], [9292] 등의 숫자단어 사례 등 숫자 네이밍 사용범위는 무궁무진하다.

사례

01. **【1111 빼빼로데이】** | 1 | 3 | 5 | 7 || 31 | 21 | 25 | 59 | 77 || 101 | 007 | 300 | 999 | 500 | 777 || 2080 | 7080 | 2030 | 2580 | 5959 |

01
네 이 밍

숫자 네이밍

1111 빼빼로 데이

[11ㅇㅇ]

[1111데이]

[11 일레븐]

[11월 11%]

[십일(11)절]

【1111 빼빼로데이】 컨셉은 숫자 중에서도 가장 단순한 형태의 숫자를 활용한 기획이다. '11'을 [11월], [11일], [11일절], [11번가], [11일레븐], [11%] 등으로 확장하면서 네이밍, 카피라이팅, 스토리텔링하였다.

1111 빼빼로데이

〈롯데제과 빼빼로〉

【1111 빼빼로데이】 컨셉은 문화혁신 사례라고 할 수 있다. 본래 이 날은 공식적인 기념일 '농업인의 날(가래떡데이)'이다. 그런데 다수의 국민들은 이 날을 '빼빼로데이'라고 부르고, SNS 세대들은 기념일 또는 축제처럼 여기고 있다. 하나의 상업적인 이벤트에 불과한 행사가 공식기념일을 압도한 사례로 성장한 것이다.

1996년 11월 11일에 시작한 빼빼로데이는 20여 년간 약 1조1000억 원의 매출을 올렸다. 또 이 날을 전후로 롯데제과는 1년 판매량의 50~60%의 관련 상품들을 판매한다.

이 컨셉은 크게 두 가지의 의미가 있다. 11월 11일은 기존에 있었던 평범한 날이고, 1자 형태 과자를 여러 개 모은 빼빼로는 새롭게 만든 과자일 뿐인데, 이 두 가지를 [1111] 컨셉으로 묶어서 【1111 빼빼로데이】로 만든 것이다. 현재 이 컨셉은 11번가의 [11일절 페스티발]에 [11월 11% 할인], 위메프의 [1111데이], 티몬의 [11 일레븐데이] 등으로 확대되었다. 그리고 일본의 '포키데이', 중국의 '광군제' 등에도 영향을 주었다.

01 단순컨셉

숫자 네이밍 (1자)

① 우측의 [1자 숫자] 컨셉 사례 응용 및 상상을 통한 네이밍

② 관련 사이트 검색을 통한 새로운 네이밍 컨셉 찾기와 메모하기

1 컨셉

1등급 1A 우유 〈서울우유〉

광화문 1번가 〈문재인 정부〉

정1품 소나무 수학

3 컨셉

3M 〈3M〉

3분카레 〈오뚜기〉

5 컨셉

KT 5G 〈KT〉

히든싱어5 〈JTBC〉

7 컨셉

7UP 〈롯데칠성〉

7번방의 선물 〈화인웍스〉

01 네이밍

숫자 네이밍 (2자)

① 우측의 [2자 숫자] 컨셉 사례 응용 및 상상을 통한 네이밍

② 인터넷 서점 등 검색을 통한 새로운 네이밍 컨셉 찾기

31 컨셉

베스킨라빈스 31

31운동

21 컨셉

21세기출판사 〈21세기폭스〉

씨네21 〈씨네21〉

25 컨셉

여의도 25시 〈프라임경제〉

25(EO)기획

59 컨셉

59쌀피자 〈오구쌀피자〉

5959데이 〈휠라〉

77 컨셉

77일간의 Foot 사랑 〈고어코리아〉

에어포트77 〈제리 제임슨 영화〉

01 단순컨셉

숫자 네이밍 (3자)

① 우측의 [3자 숫자] 숫자 컨셉 사례 응용 및 상상을 통한 네이밍

② 관련 사이트 검색을 통한 새로운 네이밍 컨셉 찾기와 메모하기

101 컨셉

101번째 프로포즈 〈SBS〉

101 달마시안 〈월트디즈니〉

007 컨셉

007 시리즈 〈이안 플레밍의 시리즈 영화〉

300 컨셉

300 〈잭 스나이더 감독 영화〉

999 컨셉

은하철도999 〈마쓰모토 레이지의 만화〉

사랑나눔999 구로구 〈구로구〉

500 컨셉

비타 500 〈광동제약〉

777 컨셉

777 쓰리세븐 〈쓰리쎄븐〉

01 네 이 밍

숫자 네이밍 (4자)

① 우측의 [4자 숫자] 컨셉 사례 응용 및 상상을 통한 네이밍

② 광고 사이트 검색을 통한 새로운 네이밍 컨셉 찾기와 메모하기

2080 컨셉

2080 치약 〈20개의 건강한 치아를 80세까지, 애경〉

2080 법칙 〈사회 현상의 80%는 20%의 원인으로 인해 발생한다, 빌프레도 파레토〉

7080 컨셉

콘서트 7080 〈KBS〉

명작 7080 〈예전미디어〉

2030 컨셉

2030 플래티늄 골드카드 〈20~30대 할인, 부산은행〉

2030 서울플랜 〈20년 후 2030년 비전, 서울특별시〉

2580 컨셉

시사매거진 2580 〈MBC〉

수능영단어 2580 〈메가북스〉

5959 컨셉

5959데이 〈5월9일 5만9천명에게 5만9천원에 판매, 휠라〉

9595쇼 〈팟캐스트 5위~9위 95.1MH, TBS〉

B

숫자 단어 컨셉

숫자 단어 컨셉은 숫자 음이 포함되어 있는 사자성어를 활용하는 기획이다. 사자성어 안의 숫자를 문자가 아닌 숫자로 시각화하여 주목성을 높일 수 있다. 기존의 사례로는 [100발100중], [100전100승], [9292(구이구이)], [8282(빨리빨리)], [1004(천사)] 등이 있다. 전화번호 또는 선거기호에 숫자 단어를 활용하는 사례도 많다.

사례

01. **【숫자 사자성어(100발100중·100전100승)】** | 1004(천사) | 53(오삼) | 2씨, 5씨, 9씨... 성 이름 || 8282(빨리빨리) | 구이구이(9292) | 88(팔팔) | 99(구구) |

02. 8282(빨리빨리) | 1004(천사) | 3651(365일) | 7942(친구사이) | 2런1이(이런 일이) |

★ 사례모음: 전화번호 숫자단어

★ 사례모음: 선거기호 숫자단어

01 네 이 밍

숫자단어

숫자 사자성어

[100문 100답]

[100인 100색]

[1석5조]

[1희1비]

[1장1단]

[3사1언]

[9사1생]

[10시1반]

[10중 8 9]

[1석10조]

[7전8기]

[108번뇌]

[5감5미]

[8인8색]

[3355]

[44건건]

[99절절]

【숫자 사자성어】 컨셉은 숫자가 포함되어 있는 사자성어를 그대로 또는 변형하여 활용하는 기획이다. 사자성어 안의 숫자를 글자가 아닌 숫자로 시각화하여 주목성을 높일 수 있다.

100발100중 기출문제

〈백발백중〉

100전100승 취업비법

〈스마트비즈니스〉

위의 [100발100중], [100전100승] 컨셉은 글자가 아닌 숫자 100을 두 번 반복하고 나머지 글자들이 보조로 받쳐주며 제목을 강조하는 컨셉이다.

1희1비 1.1% 대출

1장의 사진, 하나의 단상 1장1단 〈정현진 사진집〉

3사1언 토크쇼 9사1생 in 광주展

10시1반 카페 10 中 8 9 8명 취업 〈한국폴리텍대학〉

1석10조의 희망

7전8기 (7가지 전과 8가지 고기) 7전8큐 〈MBC 스포츠 당구〉

108번뇌새김 〈뇌새김영어〉

8인8색 ________

이지연의 3삼5오 〈EBS 라디오〉

뉴스 44건건 절 이야기 99절절

01 단순컨셉

숫자단어

① 우측의 [숫자단어] 컨셉 사례 응용 및 상상을 통한 네이밍

② 관련 사이트 검색을 통한 새로운 네이밍 컨셉 찾기와 메모하기

1004(천사) 컨셉

신안 1004(천사)섬 〈신안군〉

여명 1004 〈그래미〉 스킨 1004 〈스킨1004〉

희망풍차 1004가 되어주세요 〈NH농협〉

53(오삼) 컨셉

53프로젝트: 옥상 오삼 〈김나희 이벤트〉

8282 53 (빨리빨리 오삼)

____________로 53

2씨, 5씨, 9씨... 성+이름 컨셉

1자리 2용섭의 12가지 공약 〈광주시장 이용섭 후보 공약〉

9재섭 화백의 9대 호수 회화戰

5성숙 여사의 5잡 도전기

오영삼(503)의 감옥일기

01 네이밍

숫자단어

① 우측의 [숫자단어] 컨셉 사례 응용 및 상상을 통한 네이밍

② 관련 사이트 검색을 통한 새로운 네이밍 컨셉 찾기와 메모하기

8282(빨리빨리) 컨셉

8282 꽃배달 〈빨리빨리꽃배달〉

9292(구이구이) 컨셉

9292 생고기 〈구이구이〉

88(팔팔) 컨셉

88년 취준생의 88한 이야기

99(구구) 컨셉

99닭 〈구구닭〉

02 카피라이팅

숫자단어

① 우측의 [숫자단어] 카피 컨셉 사례 응용 및 상상을 통한 카피라이팅

② 01 네이밍 사례 확장을 통한 카피라이팅

③ 각종 광고 사이트 등의 검색을 통한 카피 컨셉 찾기와 메모하기

8282(빨리빨리) 컨셉

태풍이 불어도 8282 (빨리빨리) 배달합니다 〈OO반점〉

1004(천사) 컨셉

1% 나눔 1004의 기적, 1004만원 기탁

3651(365일) 컨셉

365일 쉬지 않는 마켓, 배달은 000-365일

7942(친구사이) 컨셉

우리는 7942 7942 대리운전 〈친구사이 대리운전〉

2런1이(이런 일이) 컨셉

세상에 2런1이 〈홈플러스 21주년 2+1 행사〉

2런1이 (2Learn 1耳)

사례 모음

전화번호 숫자단어

1004 (천사)

1212 (홀짝홀짝)

1717 (일찍일찍)

1253 (이리오삼)

2424 (이사이사)

2848 (이판사판)

2929 (이그이그)

3319 (삼삼하구)

3535 (사모사모해)

3651 (365일)

3651 (365일)

4989 (사구팔구)

5151 (오일오일)

5252 (오이오이)

5858 (오빠오빠)

5959 (오구오구)

7942 (친구사이)

7142 (친한사이)

8282 (빨리빨리)

8585 (바로바로)

8253 (빨리오삼)

9292 (구이구이)

9797 (구질구질)

0909 (공구공구)

100 (Back, 돌아와)

230 (이상無)

825 (빨리와)

국제전화 00700 <SK텔링크>

54000(오사플라워) <오사플라워>

091032 (공부 열심히)

1577-1577.com <대리운전 1577>

1588 39000(3만9천) <배칠수 꽃배달>

1010235 (열열이 사모)

선거기호 숫자단어

1번: 1자리는 1번 OOO | 1등1꾼 | 평화철도111 <민주당> | 일1 일1 |

2번: 2제 2번 | 2번에는.. | 딱 2번만 생각하면 | 2배 더.. | 승리의 V(2) |

3번: 3을 선택하면 삶이 바뀝니다! | 기호 3의 333 약속! | 3세판의 OO |

4번: 4즉생 | OO의 4번 타자 | 4랑합니다 | 4모하는... |

5번: 5직 OO! | 5로지.. | 5 다섯 손가락 걸고 | 하이파이브(5) | 5~ O여 |

6번: 여러분의 6각수 | 기호 6번 6대 밸리 | 6월 선거의 파란 6번 OOO |

7번: 행운의 7번 *7UP(세븐업)* | 7번방의 선물.... |

8번: 88한 OO! | 오뚜기(8)처럼 일어서겠습니다! |

9번: 위기의 OO을 9하겠습니다! | 999 잠자는 OO을 깨우겠습니다! |

10번: OO을 열(10)열(10)이 사모합니다! | 10(열)심히 일하겠습니다! |

C

한글 단위 숫자 컨셉

한글 단위 숫자 컨셉은 [등급], [회수], [개수], [사람 수] 등 한글로 된 단위 숫자를 활용해서 만든 기획이다. 예를 들어 [1등급 우유], [101번째 프로포즈], [베스킨라빈스 31], [300] 등의 네이밍은 일반 소비자들의 뇌리에 남아있는 한글 단위 숫자의 컨셉 사례이다.

사례

01. **【1등급】** | 회수 | 개수 | 마리 수 | 사람 수 |

02. 1등급 | 회수 | 개수 | 마리 수 | 사람 수 |

03. 1등급 | 회수 | 사람 수 |

01 네이밍

한글단위 숫자

1등급

[1등]

[1A등급]

[1위]

[No. 1(넘버원)]

【1등급】 컨셉은 소비자들에게 최고의 제품 또는 최고의 성과를 낼 수 있다는 확신을 심어주고자 하는 홍보용 기획이다. [1등급]과 함께 [1위], [1등], [넘버1] 등의 의미는 같지만 다른 느낌을 사용할 수 있다.

1등급 우유
(=최고)

〈서울우유〉

[1등급 우유] 컨셉은 서울우유와 매일유업이 1997년 업계 최초로 '1등급 원유'를 출시한 이래, 현재 '체세포수 1등급', '세균수 1등급'이란 네임 경쟁 중이다.

1등급 1A등급 우유 〈서울우유〉

영포자 1등급 만들기 〈기림〉

흑돼지 1등급 〈멘도롱제주집〉

공기청정기 1등급

광주 1등 취업사이트 사랑방 〈사랑방〉

1위 아로나민골드 〈일동제약〉

위기탈출 넘버원1 〈KBS2〉   정육점 No.1 〈피터코커 명화〉

01 단순컨셉

한글단위 숫자

① 우측의 [회수], [개수] 컨셉 사례 응용 및 상상을 통한 네이밍

② 02 카피라이팅과 03 스토리텔링 사례의 추출을 통한 네이밍

③ 관련 사이트 검색을 통한 새로운 네이밍 컨셉 찾기와 메모하기

회수 컨셉

101번째 프로포즈 〈SBS〉

나는 둘째입니다 〈시공주니어〉

누구나 한 번은 엄마와 이별한다 〈이와우〉

수학아, 한판 붙자 〈다빈치북스〉

내 인생은 삼세판

386세대 워라밸

88만원 세대 문찐

개수 컨셉

베스킨라빈스 31 〈베스킨라빈스〉

17차(茶) 〈남양유업〉

신안 1004(천사)섬 〈신안군〉

성공하는 사람들의 99가지 화술 〈백만문화사〉

김해 5감5미 〈김해시〉

01 네이밍

한글단위 숫자

① 우측의 [마리 수] 등 컨셉 사례 응용 및 상상을 통한 네이밍

② 02 카피라이팅과 03 스토리텔링 사례의 추출을 통한 네이밍

③ 다양한 사이트 검색을 통한 새로운 네이밍 컨셉 찾기와 메모하기

마리 수 컨셉

101 달마시안 〈월트디즈니〉

3마리 토끼 잡는 논술 〈NE능률〉

사람 수 컨셉

300 〈잭 스나이더 감독 영화〉

4대천왕 〈변방의 사운드〉

12 솔져스 〈제리브룩하이머〉

02
카피라이팅

한글단위 숫자

① 우측의 [등급] 등 카피 컨셉 사례 응용 및 상상을 통한 카피라이팅

② 01 네이밍 사례 확장을 통한 카피라이팅

③ 관련 광고 사이트 등의 검색을 통한 카피 컨셉 찾기

1등급 컨셉

체세포수 1등급 · 세균수1A 좋은 우유를 위한 당신의 선택 〈서울우유〉

1+α 같은 1등급 그러나 다른 1등급 〈삼성시스템에어컨〉

1등급 한강, 1등급 리버파크 〈애딕〉

1등 회사에 다니는 자부심보다, 고객에게 1등급 〈웰컴크레디라인〉

회수 컨셉

백만 스물 하나, 백만 스물 둘 〈에너자이저〉

두 번째 프레임 전쟁이 온다 〈추수밭〉

8월 9일 OPEN 세 번째 감동은 바람처럼

1초에 70번! 로얄 TOTO플러스 70비데 〈로얄앤컴퍼니〉

100번의 용기! 100가지 만족! 〈OO성형외과〉

진실게임 삼세판 이판삼판 〈QTV〉

02 카피라이팅

한글단위 숫자

① 우측의 [개수] 등 카피 컨셉 사례 응용 및 상상을 통한 카피라이팅

② 01 네이밍 사례 확장을 통한 카피라이팅

③ 각종 광고 사이트 등의 검색을 통한 카피 컨셉 찾기와 메모하기

개수 컨셉

주스 한잔, 탄산 2캔, 커피 3잔, 그런데 물은 얼마나 드시나요?

한잔의 나눔, 한끼의 행복 〈커핀그루나루〉

보름달 같은 마음 한잔 〈보해양조〉

치킨을 맛있게 먹는 101가지 방법? 101번 먹는다!

여행의 모든 재미가 여기에! 하이원 8경(景) 8미(味) 8락(樂) 〈강원랜드〉

마리 수 컨셉

너구리 한 마리 몰고 가세요~ 〈농심 너구리〉

55,000여 마리의 바다 친구들이 가르쳐주는 바다 〈롯데월드아쿠아리움〉

토익도~회화도~ 두 마리 토끼를 한번에! 〈YBM어학원〉

사람 수 컨셉

만오천명 중 단 한 명 〈한국전문대학교육협의회〉

100명 아이들의 100가지 꿈 〈씨엠에스에듀케이션〉

당신도 10명 중에 한 명이 될 수 있다 〈아디다스〉

03 스토리텔링

한글단위 숫자

① 우측의 [듣급], [회수] 스토리 컨셉 사례 응용 및 상상을 통한 스토리텔링

② 02 카피라이팅 또는 01 네이밍 사례 확장을 통한 스토리텔링

③ 유튜브와 광고 사이트 검색을 통한 스토리 컨셉 찾기와 메모하기

1등급 컨셉

건강한 젖소에서 좋은 우유가 나옵니다

서울우유에서 시작합니다

세균 수 1A등급

체세포 수까지 1등급인 우유

서울우유 나 100%

두 개의 1등급 저는 대한민국에서 찾습니다

이제 나 100%를 확인하세요

〈서울우유〉

회수 컨셉

백만 스물 하나

백만 스물 둘 백만 스물 셋

백만 스물 넷 백만 스물~

헤~ 이거 다시

하나 둘 셋 넷 다섯 여섯

힘세고 오래가는 건전지

〈에너자이저〉

1초에 70번

1초에 70번 깨끗한 느낌

1초에 70번 물방울로 두드린다

1초에 70번

로얄 TOTO 플러스 70비데

〈로얄앤컴퍼니〉

03 스토리텔링

한글단위 숫자

① 우측의 [사람 수] 스토리 컨셉 사례 응용 및 상상을 통한 스토리텔링

② 02 카피라이팅 또는 01 네이밍 사례 확장을 통한 스토리텔링

③ 유튜브와 광고 사이트 검색을 통한 스토리 컨셉 찾기와 메모하기

사람 수 컨셉

53,506 광주

55,854 대전

79,468 춘천

93,481 대구

138,501 부산

324,560 서울

숫자에 관심이 가시나요?

주변을 돌아보세요

이 숫자는 각 지역의

장애인 숫자입니다

〈프리챌Q〉

D

영문 단위 숫자 컨셉

영문 단위 숫자 컨셉은 [비중(%)], [길이(m, cm..)], [무게(kg, g)], [속도(km/h)], [온도(℃)], [데이터(GB, MB..)] 등 영문 단위 숫자 중심의 언어유희 기획이다. 한 사례로 [2% 부족할 때], [1cm art], [5G에 꽂히다], [강연 100℃] 등의 영문 단위 숫자 컨셉 사례가 있다.

사례

01. **【2% (부족..)】** ǀ 길이(cm, m...) ǀ 무게(Kg, T...) ǀ 속도(Km/h) ǀ 넓이(㎡) ǀ 부피(L, ml) ǀ 온도(℃) ǀ

02. 길이(m, cm...) ǀ 속도(Km/h) ǀ 퍼센트(%) ǀ 데이터(G, GB...) ǀ

03. 길이(m, cm...) ǀ 퍼센트(%) ǀ

01

네 이 밍

영문단위 숫자

2% 부족..

[2프로...]
[2퍼센트]

[2-2-2 캠페인]
[2월 2일은 2%...]
[2세부터 2잔 2%..]
[매일 2%...]
[하루 2잔 2%...]

【2%】 컨셉은 다수의 반대인 소수의 비중을 강조하는 컨셉이다. [2%]를 [2-2-2 캠페인], [2월2일2%], [2세부터2%]와 함께 다양하게 활용할 수 있다. 홍보에서는 [퍼센트] 보다 [프로] 음을 더 많이 사용한다.

2% 부족할 때
(=약간 부족..)

〈2프로 부족할 때〉

[2%] 숫자 컨셉은 '약간' 또는 '조금'이라는 뜻의 상징적인 언어가 되었다. 2003년 이 광고 이후로 무언가 약간 부족하다고 느낄 때, "2%가 부족하다"라는 유행어가 퍼졌고 지금도 그 말을 사용하고 있다. 이후에 [2%] 컨셉이 다양한 언어유희로 사용되고 있고 사례는 다음과 같다.

저지방우유 2% 〈매일유업〉

2-2-2 캠페인: 2월 2일은 2% 저지방우유

2세부터 2잔 2% 저지방 우유 〈매일유업〉

매일 2%로 바꾸자 〈매일유업〉 하루 2잔 매일 2%

대한민국 1% ________ 세상을 지배하는 0.1퍼센트

기획의 99%는 컨셉이다 〈원앤원〉 99%를 위한 경제학 〈생각의힘〉

______ 100% 활용법

01 단순컨셉

영문단위 숫자

① 우측의 여러 단위 컨셉 사례 응용 및 상상을 통한 네이밍

② 02 카피라이팅 사례의 추출을 통한 네이밍

③ 관련 사이트 검색을 통한 새로운 네이밍 컨셉 찾기와 메모하기

길이 (cm, m..) 컨셉

1cm art 〈허밍버드〉

꿈의 높이 8848m 〈다른〉

무게 (Kg, T..) 컨셉

뇌 1.4 킬로그램의 사용법 〈21세기북스〉

102톤의 물음 〈낮은산〉

속도 (Km/h) 컨셉

희망의 속도 15km/h 〈민음인〉

넓이 (㎡) 컨셉

내겐 대한민국도 세계도 1800㎡다 〈KB〉

부피 (L, ml) 컨셉

하루 2리터 습관 〈동아일보〉

온도 (℃) 컨셉

사랑온도 섭씨 999도 〈서울필름〉

02
카피라이팅

영문단위 숫자

① 우측의 [mm, cm] 등 카피 컨셉 사례 응용 및 상상을 통한 카피라이팅

② 01 네이밍 사례 확장을 통한 카피라이팅

③ 관련 광고 사이트 등의 검색을 통한 카피 컨셉 찾기와 메모하기

길이 (mm, cm..) 컨셉

두 정상 간의 거리는 2018mm 〈2018년 남북 정상회의 기사〉

고집스런 생각이 만드는 차이 10센치 〈대림산업〉

여자라는 이유로 42.195km 뛰는 데 걸린 120년 〈한국일보〉

속도 (Km/h) 컨셉

그리운 마음이 시속 300km로 달려갑니다 〈KTX〉

인생의 속도, 50대는 50킬로, 60대는 60킬로일까?

02 단순컨셉

영문단위 숫자

① 우측의 [%], [G] 등 카피 컨셉 사례 응용 및 상상을 통한 카피라이팅

② 01 네이밍 사례 확장을 통한 카피라이팅

③ 관련 광고 사이트 등의 검색을 통한 카피 컨셉 찾기와 메모하기

퍼센트(%) 컨셉

대한민국 1%를 위한 대한민국 1%의 MBA 〈서강대〉

Come100, 100% 새로워진 레블루션 〈리니지〉

5%는 의사가 고치고 95%는 내 몸이 고친다 〈지식과감정#〉

병의 90%는 걷기만 해도 낫는다 〈북라이프〉

데이터(G, GB...) 컨셉

당신의 첫 5G 5G에 꽂히다 5G 5G를 향하여 〈SK텔레콤〉

5G시대의 '데이터 고속도로'는 2층 고속도로와 같다 〈아시아경제〉

써볼까? 4DH 4배의 감동 4배의 기쁨 4배의 가치

03
스토리텔링

영문단위 숫자

① 우측의 [m, cm] 스토리 컨셉 사례 응용 및 상상을 통한 스토리텔링

② 02 카피라이팅 또는 01 네이밍 사례 확장을 통한 스토리텔링

③ 유튜브와 TV 광고 사이트 검색을 통한 스토리 컨셉 찾기

길이(m, cm...) 컨셉

3m 격식 있는 거리

1m 일상 대화의 거리

46cm 숨결이 닿는 친밀한 거리

입 냄새가 걱정되는 46cm

페리오 46cm로 지키세요

페리오 46cm

〈LG생활건강〉

사장님과의 거리 42.195km

친구와의 거리 110m

팀원과의 거리 1000m

아빠와의 거리 400m

선임과의 거리 2.0km

함께 응원하면 우리 사이 0m

〈포스코〉

03 단순컨셉

영문단위 숫자

① 우측의 [%] 스토리 컨셉 사례 응용 및 상상을 통한 스토리텔링

② 02 카피라이팅 또는 01 네이밍 사례 확장을 통한 스토리텔링

③ 유튜브와 TV 광고 사이트 검색을 통한 스토리 컨셉 찾기와 메모하기

퍼센트(%) 컨셉

90% **사람들**이 눈을 뜨면 가장 먼저 가는 곳

60% **사람들**이 아이가 생긴 것을 처음 알게 되는 곳

66% **사람들**이 새로운 아이디어를 얻는 곳

82% **사람들**이 울고 싶을 때 달려가는 곳

70% **사람들**이 그 가치를 모르는 곳

욕실은 가장 아름다운 방이어야 합니다

〈대림기업〉

맥주, 4% **취합니다**

와인, 6% **취합니다**

막걸리, 8% **취합니다**

소주, 18% **취합니다**

위스키, 45% **취합니다**

음주운전, 99% **취합니다**

〈공익광고협의회〉

E

타임 숫자 컨셉

타임 숫자 컨셉은 [연], [월], [일], [시], [분], [초] 등의 타임 단위를 중심으로 특정한 숫자를 삽입하는 기획이다. 기존의 사례로는 [365 코너], [5 Days] [토탈 7] 등의 [일] 컨셉, [2PM], [예스24] 등의 [시] 컨셉,, [3분 카레], [100분 토론] 등의 [분] 컨셉, [1초 브라], [5초의 법칙] 등의 [초] 컨셉 등 다수가 있다.

사례

01. **【연월일(5 Days · Total 7)】** | 시(時) | 분(分) | 초(秒) |

02. 연월일 | 분(分) | 초(秒) |

03. **【1부...】+ S 분석** |

01 네 이 밍

타임숫자

연월일

[O Days]
[Total 7]

[365OO]
[새로운 날]
[OO일 동안]
[OOO기념일]

[과거 OOOO년]
[미래 OOOO년]

[O월의 역설]
[O월은 ____이다]

【연월일】 컨셉은 숫자 중심의 홍보를 목적으로 연월일이 포함된 특정 기간 또는 기념일, 월, 연도 등의 숫자와 그 밖의 문자를 조합한 기획이다.

죽염 5 DAYS	페리오 TOTAL 7

〈LG 생활건강〉

〈LG 생활건강〉

[5일만의 잇몸 변화]
[5가지 발효 에센스]
[5케어 시스템]

[7일의 내추럴 에센스]
[7가지 기능을 한번에]
[7무(無) 첨가 순한 처방]

365코너 〈광주은행〉
625전쟁 1129일 〈우정문고〉
5월 32일 〈네이버TV〉
오월길! 5·18 Road 〈광주광역시〉

응답하라 1988 〈tvN〉 서울로 7017 〈서울특별시〉 ____ 2020 비전

이어령의 100년 서재 〈KBS〉

8월의 크리스마스 〈우노필름〉

6월은 肉월이다 〈이마트 기획전〉

01

단순컨셉

타임숫자

① 우측의 [시분초...] 컨셉 사례 응용 및 상상을 통한 네이밍

② 02 카피라이팅 사례 추출 및 응용을 통한 네이밍

③ 인터넷 서점 등의 검색을 통한 새로운 네이밍 컨셉 찾기

시(時) 컨셉

YES24 〈예스24〉

2PM 〈JYP〉

25시 시청 〈안산시〉

6시 내고향 〈KBS〉

분(分) 컨셉

3분 카레 〈오뚜기〉

100분 토론 〈MBC〉

1분 상식 사전 〈별글〉

매일 15분 ___________

초(秒) 컨셉

1초 브라 〈펄리쉡집업 브라〉

5초의 법칙 〈한빛비즈〉

0초 발색 〈클리오〉

WISH 29초 영화제 〈한국경제신문사〉

하루 30초 걷기 다이어트 〈넥서스북스〉

02 카피라이팅

타임숫자

① 우측의 [연월일...] 카피 컨셉 사례 응용 및 상상을 통한 카피라이팅

② 01 네이밍 사례 확장을 통한 카피라이팅

③ 유튜브 등의 검색을 통한 카피 컨셉 찾기와 메모하기

연월일 컨셉

SM3 333 프로젝트: 3개월 미만 운전자들에게 3일간의 드라이브 〈르노삼성〉

4월이니까 40% 할인, 4월이니까 400명에게 제주도 항공권을... 〈옥션〉

4월4일오후4시44분44초 〈애딕〉

분(分) 컨셉

대~한민국~~ 나는 대한민국을 [90분만] 사랑합니다 당신의 나라사랑은 어떻습니까? 〈공익광고협의회〉

F1의 흥분을 기다리기엔 1분 1초도 너무 길다! 〈F1코리아그랑프리〉

억지로 1시간? 스스로 10분! 〈재능교육〉

초(秒) 컨셉

3초만 생각하면 제주 삼다수 〈제주도 개발공사〉

세안 후 물기가 마르기 전에 1초 2초 꽃초 〈마몽드 꽃초〉

10분의 1초, 그 찰나를 사냥하다 〈소니〉

기다리는 시간 0초 헤어클리닉 〈시세이도〉

대한민국 여름은 1초도 아름답지 않은 시간이 없습니다 〈한국관광공사〉

03
스토리텔링

타임숫자

1분...

[○초
+ ○초
+ ○초...
= 1분]

【1분...】 컨셉은 '1분'이라는 제한시간을 정해두고 그 안에서 여러 개의 '초'단위 스토리를 배열하고, 아침부터 저녁까지 중요 시간대별로 스토리텔링하고 이미지스토리텔링으로 기획한 사례이다.

1분의 배려

〈공익광고협의회, 2010〉

이 공익광고에서 1분은 '하루의 짧은 시간'을 상징한다. 대한민국 국민 모두가 일상의 곳곳에서 단 몇 초씩만 상대를 배려한다면 세상이 더 밝고 아름다워질 것이라는 메시지를 담은 캠페인성 TV CM이다. 아래는 1분 안의 세부적인 초들의 스토리텔링이며, 이 사례를 다른 용도에 창의적으로 활용할 수 있다.

신문 대신 **던져주는** 시간 6초

어르신과 함께 횡단보도 **건너는** 시간 23초

후배에게 커피 **타주는** 시간 27초

버스벨 대신 **눌러주는** 시간 4초

세상을 **아름답게** 하는 시간

하루 1분이면 충분합니다

〈공익광고협의회〉

【1분의 배려】 CM의 언어유희 스토리텔링 및 타임 분석

기 하루 시작(새벽)의 배려 ↓

V/A: 새벽에 골목길에서 담장 너머로 신문을 던져주는 모습 ——>

video:

자막: ①신문 대신 던져주는 시간 6초

audio:

승 출근길(아침) → 직장(낮)의 배려 ↓

아침에 횡단보도에서 할머니를 부축하는 모습 / 낮에 사무실에서 후배들에게 커피 타주는 모습

video:

자막: 어르신과 함께 횡단보도 건너는 시간 23초 / 후배에게 커피 타주는 시간 27초

audio: *할머니 조심히 가세요* / *김대리 어제 야근했어? 쉬어가면서 해*

전 퇴근길(저녁)의 배려 ↓

저녁에 버스 안에서 벨을 눌러주는 모습 ——>

video:

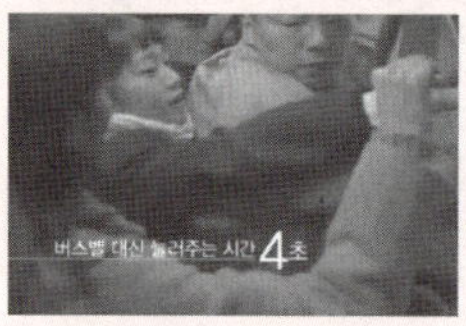

자막: 버스벨 대신 눌러주는 시간 4초

audio: *잠시만요*

결 하루를 마치는(밤) 배려

밤에 골목길에서 하루를 정리하는 모습 ——>

video:

자막: 세상을 아름답게 하는 시간 하루 1분이면 충분합니다

audio: *세상을 아름답게 하는 시간 하루 1분이면 충분합니다*

〈출처: 공익광고협의회, 38초〉

	카피	타임	시간	장소
기	① 신문 대신 던져주는 시간 6초	6초	새벽	골목길
		+	↓	↓
승	② 어르신과 함께 횡단보도 건너는 시간 23초	23초	아침	출근길
		+	↓	↓
	③ 후배에게 커피 건네는 시간 27초	27초	낮	사무실
전		+	↓	↓
	④ 버스벨 대신 눌러주는 시간 4초	4초	저녁	퇴근길
		‖	↓	↓
결	세상을 아름답게 하는 시간 ● 하루 1분이면 충분합니다	1분	밤	골목길

※ 스토리텔링 요점: 1분의 배려 <--------- 총 1분 + 배려

펜은 칼보다 강하다!
펜보다 연필이 더 강하다!
지우개라는 겸손이 있으니까!

13장

"기억하기 쉽게, 부르기 편하게, 보기 좋게 단순화하라!"

신조어 창작 언어유희

A 줄임 타이틀 신조어 컨셉

B 줄임말 신조어 컨셉

C 늘임말 신조어 컨셉

A

줄임 타이틀 신조어 컨셉

줄임 타이틀 신조어 컨셉은 네이밍에서 긴 글자의 제목을 모두 담기 불편할 때, 긴 타이틀의 첫 글자나 중요 글자만을 뽑아서 짧게 줄인 기획이다. 이 컨셉은 주로 네이밍에서 활용되며, 대표 사례로는 [토마토], [시나공] 등의 [책 제목 줄임] 컨셉, [코크], [뭅뭅] 등의 [브랜드 네임 줄임] 컨셉 등이 있다.

※ 네임의 중요성은 사회 곳곳에서 나타나는데, 특히 우리나라의 아파트 이름이 가격에 영향을 주는 대표적 사례이다. 아파트 이름의 특징은 특이하게 혼용어가 많은 줄임말로서 매우 혼란스럽다. 이에 대해 동덕여대 채완 교수는 〈아파트 이름의 사회적 의미〉라는 논문에서 아파트 네임에 나타난 우리 시대의 사회상의 원인을 웰빙 바람, 신분상승과 과시 욕구, 지성과 첨단생활의 추구, 예술적 생활의 추구, 가정의 행복 추구, 꿈과 희망의 추구 그리고 부자열풍으로 정리하였다.

사례

01. **【책 타이틀 줄임 신조어(시나공)】** | 브랜드 네임 줄임 신조어 | 아파트 네임 줄임 합성어 |

01

네 이 밍

줄임 타이틀 신조어

책타이틀 줄임

[●×× ●××× ●××]

【책 타이틀 줄임 신조어】 컨셉은 책의 긴 제목에서 각 단어의 첫 글자를 선택하여 3행시처럼 제목을 단순화한 기획이다. 책 타이틀 이외에도 다양한 사례에서 사용되고 있으며 이를 창의적으로 활용할 수 있다.

시나공 (시험에 나오는 것만 공부한다)

〈길벗출판사, 2002〉

[시나공] 컨셉은 '시험에 나오는 것만 공부한다'의 첫 글자를 딴 약어로, 2002년부터 현재까지 IT 수험서 분야에서 독보적인 1위를 차지하고 있는 베스트셀러 시리즈의 네임이다. 이 네임이 탄생한 배경에 대해 당시 개발전략실 실장인 이지연 대표는 "당시 수험자의 입장이 되기 위해 컴퓨터활용능력 시험에 지원했는데, 업무 때문에 시간이 너무 부족해서 '시험에 나오는 것만 공부할 수 있는 책을 만들 수 없을까?'라는 취지에서 나온 이름이다"고 했다. [시나공]이 고객중심의 역지사지를 통한 압축인 셈이다. 이처럼 네임을 단순화하여 베스트셀러가 된 사례들을 찾아서 메모해보자.

토마토 ← 토익점수 마구마구 올려주는 토익 〈능률영어교육연구소〉

고구마 ← 고달픈 수험생 구원해주는 마스터 수능 〈비전코리아〉

아우성 ← 아름다운 우리들의 성(性) 〈구성애 성강좌〉

이기적in ← 이렇게 기가 막힌 적중률 〈영진닷컴〉

01
단순컨셉

줄임 타이틀 신조어

① 우측의 [브랜드 네임 줄임] 컨셉 사례 응용을 통한 네이밍

② 관련 사이트 검색을 통한 새로운 네이밍 컨셉 찾기와 메모하기

브랜드 네임 줄임 신조어 컨셉

코카콜라 → 코크(COKE) 〈코카콜라〉

스타벅스 → 스벅 〈스타벅스〉

맥도날드 → 맥날 〈맥도날드〉

노스페이스 → 노페 〈노스페이스〉

방탄소년단 → BTS

지드레곤 → GD

김대중, 김영삼, 김종필 → DJ, YS, JP

男다른 감子탕 → 男子 〈남다른 감자탕〉

무비무비 → 뭅뭅 〈뭅뭅〉

01 네이밍

줄임 타이틀 신조어

① 우측의 [아파트 네임] 컨셉 사례 분석

② 아파트 사이트 검색을 통한 새로운 네임 컨셉 찾기와 네이밍

아파트 네임 줄임 합성어 컨셉

한화 갤러리아 포레 - 한화 + Galleria + Forêt (숲)

금호 어울림 에듀퍼스트 - 금호 + 어울림 + Edu + First

래미안 솔베뉴 - 來·美·安 + Sol(유일한) + venue(장소)

힐스테이트 클래시안 - Hill + State(지위) + Classy + 安(편안 안)

힐스테이트 삼송역 스칸센 - Hill + State + 삼송역 + Skansen(요새)

왕십리뉴타운 센트라스 - 왕십리 뉴타운 + Central + Atlantis(지상낙원)

별내 아이파크 스위트 - 별내역 + I Park + Suite

한남더힐 - 한남동 + The Hill(높은)

경희궁 자이 - 경희궁 + Xi

경희궁 자이 - 경희궁 일대 + Xi

B

줄임말 신조어 컨셉

줄임말 신조어 컨셉은 최근 모바일 세대들이 SNS, 게임, 채팅 등에서 자주 사용하는 신조어 활용 기획이다. 신조어는 대개 유행 시기가 지나면 사라지는 경우가 많지만, 그중에서 다수가 사용하는 신조어는 심의회를 거쳐 국어사전에 등재되기도 한다. 줄임말 신조어의 사례는 2자, 3자, 4자, 한글과 한자, 영어의 조합이 주를 이룬다.

사례

01. **【2자 우리말 줄임(묻답)】** | 2자 우리말 줄임 신조어 | **【2자 혼합어 줄임(욜로)】** | 3자 우리말 줄임 신조어 | 3자 혼합어 줄임 신조어 | 4자 우리말 줄임 신조어 | 4자 혼합어 줄임 신조어 |

01
네 이 밍

줄임말 신조어

2자 우리말 줄임

[●× ●×× 묻고 답하기]

[●××●××
~문화 상품권]

【2자 우리말 줄임】 컨셉은 두 개 단어로 된 우리말 중에서 앞 글자 2개를 따와서 2자로 단순화한 신조어이다.

묻답

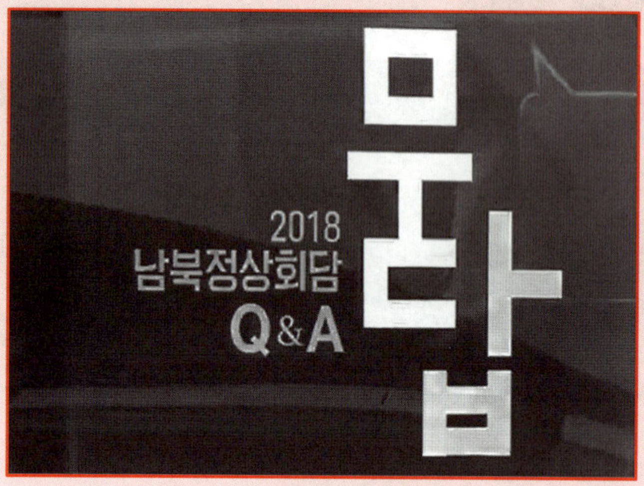

〈문화방송, 2018〉

[묻답] 컨셉은 '묻고 답하다'를 단순화한 약어이자 신조어다. 이 두 글자를 다시 '묻' 자의 'ㄷ'과 '답' 자의 'ㄷ'을 하나로 합쳐 위와 같이 시각적인 이미지를 디자인할 수도 있다. 그밖에 언어를 단순화한 신조어 사례는 무궁무진하며 그 일부는 아래와 같다.

짤방 - 짤림 방지

생선 - 생일 선물

친추 - 친구 추가

문상 - 문화상품권

쌍수 - 쌍꺼풀 수술

01 단순컨셉

줄임말 신조어

① 우측의 [우리말 줄임 신조어] 컨셉 사례 응용 및 상상을 통한 네이밍

② 신조어 사이트 검색을 통한 네이밍 컨셉 찾기와 창의적인 활용 구상하기

2자 우리말 줄임 신조어 컨셉

시강 - 시선 강탈

취존 - 취향 존중

미존 - 미친 존재감

복붙 - 복사 + 붙여넣기

솔까 - 솔찍히 까놓고

볼매 - 볼수록 매력 있는

최애 - 최고로 애끼는

꿀잼 - 꿀처럼 재미있는 (핵잼)

행쇼 - 행복하십쇼

비담 - 비정상회담

새터 - 새내기 배움터

커엽 - 귀엽다

01
네 이 밍

줄임말 신조어

2자 혼합어 줄임

[●○●○ - 욜로]

[●×●× - 닥서]

【2자 혼합어 줄임 신조어】 컨셉은 한글, 한자, 영어 등의 언어가 각각 또는 혼합이 되어 우리말 2자로 줄인 신조어이다.

욜로(YOLO)

〈yolorum.com, 2017〉

[욜로(YOLO)]는 'You Only Live Once'의 앞 글자를 따온 것으로 직역하면 '인생은 오직 한 번뿐이라는 뜻이다. 영미권에서는 '인생은 한 번 뿐이니 내가 하고 싶은 대로 하겠다', 즉, '인생 한 방이다'라는 의미로 사용되며, 어떤 도전을 하기 전에 외치는 감탄사로도 사용된다. 그러나 우리나라에서는 Carpe Diem(Seize the day)과 같이 '인생은 한 번 뿐이니 현재를 즐기자'라는 뜻으로 사용한다.

닥써 - Dark + Circle

밀크 - 밀착마크 〈중앙일보〉

좋페 - 좋아요 누르면 Facebook 메세지를 보낸다

플친 - Flus 친구

버정 - Bus 정류장

모솔 - 모태 Solo

금턴 - 금처럼 소중한 Intern

01 단순컨셉

줄임말 신조어

① 우측의 [우리말 줄임 신조어] 컨셉 사례 응용 및 상상을 통한 네이밍

② 신조어 사이트 검색을 통한 네이밍 컨셉 찾기와 창의적인 활용 구상하기

3자 우리말 줄임 신조어 컨셉

완소남 - 완전 소중한 남자

가싶남 - 가지고 싶은 남자

엄친아 - 엄마 친구 아들

외사친 - 외국인 사람 친구

누물보 - 누구 물어 보신 분

세젤예 - 세상에서 제일 예쁘다

닥본사 - 닥치고 본방 사수

엄근진 - 엄숙 근엄 진지

솔까말 - 솔직히 까놓고 말해서

소확행 - 小(작지만) 확실한 행복

가심비 - 가격 대비 마음(心)의 만족을 따지는 소비(가성비)

인구론 - 인문계의 90%는 논다

세모방 - 세상의 모든 방송 〈MBC〉

우행주 - 우리들의 행복도우미 주택금융공사 〈한국주택금융공사〉

01 네 이 밍

줄임말 신조어

① 우측의 [한영혼합어 줄임 신조어] 컨셉 사례 응용 및 상상을 통한 네이밍

② 신조어 사이트 검색을 통한 네이밍 컨셉 찾기와 창의적인 활용 구상하기

3자 혼합어 줄임 신조어 컨셉

홀로족 - 나홀로 + YOLO족

혼코노 - 혼자 Coin 노래방

워라밸 - Work + Life Balance (직장과 개인 생활의 양립)

올인빌 - ALL in Bill (모든 것을 집근처에서 해결하는 시대)

버카충 - Bus Card 충전

스드메 - 스튜디오 + 드레스 + 메이크업

케바케 - Case by case (경우에 따라 다르다)

톤그로 - Tone + aggro (자기 톤에 맞지 않는 화장품으로 어색함)

치깅스 - 치마 leggings

팬아저 - Fan은 아니어도 저장

댓림픽 - 댓글을 Olympic처럼 빠르게 달기 위해 경쟁하는 일

01 단순컨셉

줄임말 신조어

① 우측의 [우리말 줄임 신조어] 컨셉 사례 응용 및 상상을 통한 네이밍

② 신조어 사이트 검색을 통한 네이밍 컨셉 찾기와 창의적인 활용 구상하기

4자 우리말 줄임 신조어 컨셉

일취월장 - 일을 성취하여 월등히 성장한다 〈로크미디어〉

이판사판 - 2개의 재판 死(죽음)의 재판

문전성시 - 문화전문대학원이 성장하는 시간 〈전남대 문화전문대학원〉

노심초사 - 노회찬, 심상정과 초선4명 〈정의당 6명 의원〉

알쓸신잡 - 알아두면 쓸데없는 신비한 잡학사전 〈tvN〉

어덕행덕 - 어차피 덕질할 거 행복하게 덕질하자

복세편살 - 복잡한 세상 편하게 살자

짝남짝녀 - 짝사랑하는 남자 짝사랑하는 여자

안구정화 - 안구(눈)로 보면 정화되는 것

시발비용 - 시발(홧김에 구매)한 비용

시뻘만두 - 시뻘건 만두 〈무한도전 양세형〉

번달번줌 - 번호 달라면 번호 줌

휘소가치 - 휘발성 + 희소가치 (흩어지는 가치에 지갑을 열다)

니뽕내뽕 - 니 짬뽕 내 짬뽕 〈니뽕내뽕〉

내로람불 - 내가 하면 로맨스 남이 하면 불륜

01
네 이 밍

줄임말 신조어

① 우측의 [한영혼합어 줄임 신조어] 컨셉 사례 응용 및 상상을 통한 네이밍

② 신조어 사이트 검색을 통한 네이밍 컨셉 찾기와 창의적인 활용 구상하기

4자 혼합어 줄임 신조어 컨셉

혼바비언 - 혼자 밥을 먹는 사람(~bian)

무민세대 - 無Mean (아무 생각 안 하고 휴식을 꿈꾸는) 세대

리터루족 - Return + kangaRoo (다시 부모 곁으로 가는 젊은 세대)

나포츠족 - Night + sPorts (밤에 스포츠를 즐기는 사람)

식스포켓 - 6 + Pocket (6명 어른에게 용돈을 받는 아이들)

1코노미 - 1인 + Economy (1인의 소비생활)

빼박캔트 - 빼도 박도 Can't (못한다)

나일리지 - 나이 mileage (나이가 많을수록 권력이 강해짐)

파덜어택 - Father + Attack (아버지에게 혼났다)

덕페이스 - Duck + Face (오리처럼 입을 내미는 얼굴)

펜은 칼보다 강하다!
펜보다 연필이 더 강하다!
지우개라는 겸손이 있으니까!

C

늘임말 신조어 컨셉

늘임말 신조어 컨셉은 줄임말 신조어와 반대의 개념으로 짧은 단어를 길게 늘이는 기획이다. 예컨대 '가자'를 [가즈아]로, '무료'를 [무료오오오]로, '노력'을 [노오력]으로 바꾸는 등의 언어유희다. 이들은 주로 2자 단어에서 모음을 길게 늘이는 늘임말로서 모음 안에는 '강한 의지'나 '긴 시간'의 의미를 담고 있다.

사례

01. **【끝모음 늘임 신조어】** | 첫모음 늘임 신조어 | 중간모음 늘임 신조어 |

01

네 이 밍

늘임말 신조어

끝모음 늘임말

[가즈아]

[무료오오오]

[원하십니까아아아]

【끝모음 늘임말 신조어】 컨셉은 홍보용으로 자주 사용하는 단어의 끝모음을 길게 늘여서 자신의 단호한 의지나 감탄의 마음 등을 강하게 전달하기 위한 목적으로 사용한다.

가즈아

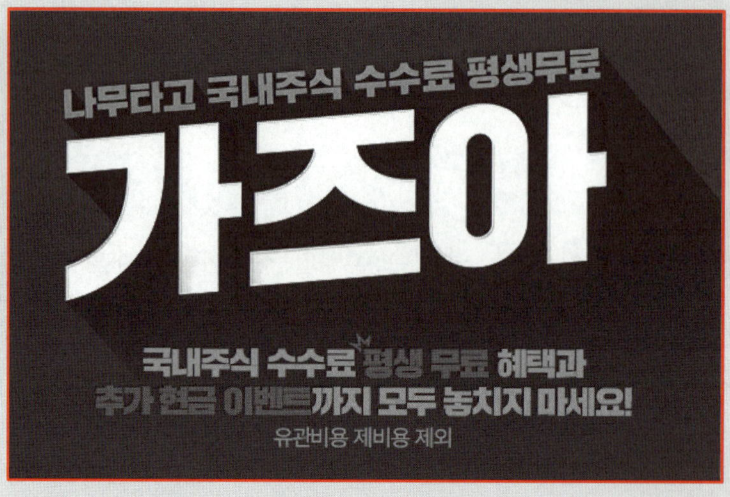

〈모바일증권 나무, 2018〉

[가즈아] 컨셉은 '가자'의 끝 모음을 길게 늘려서 발음한 신조어이다. '가자'는 원래 도박이나 투자에서 긍정적인 기대를 표현하는 감탄사로 사용됐는데, 최근에는 긍정과 부정 상황까지 폭넓게 사용되고 있으며, 홍보에서는 단호한 의지를 표현한 것이다. 그 사례는 아래와 같다.

서울 가즈아 〈우상호 의원 북콘서트〉

합격 가즈아 〈에듀피디〉

이공일팔 가즈아 〈카카오톡〉

평생 무료오오오 〈모바일증권나무〉 ← 무료

진짜 미쳤다아아아 ← 미쳤다

~을 원하십니까아아아 ← ~원하십니까?

~이 길다 길어어어어 ← ~이 너무 길어

01 단순컨셉

늘임말 신조어

① 우측의 [늘임말 신조어] 컨셉 사례 응용 및 상상을 통한 네이밍

② 신조어 사이트 검색을 통한 네이밍 컨셉 찾기와 창의적인 활용 구상하기

첫 모음 늘임 신조어 컨셉

노오력의 배신 〈창비〉 ← 노력

고오급 레스토랑 ← 고급

중간 모음 늘임 신조어 컨셉

평창으로 출바알~! ← 출발

주식 자알 보이네~ ← 잘

14장

"한글초성의 단순성과 시각성을 활용하라!"

한글초성 이니셜 이미지화

A 한글초성 이미지화 컨셉

B 이니셜 이미지화 컨셉

C 한글변환 이미지화 컨셉

A

한글초성 이미지화 컨셉

한글초성 이미지화 컨셉은 기존의 브랜드명이나 사람 이름, 핵심어 등을 한글초성으로 바꾸어서 로고타입 또는 이모티콘 등으로 이미지화하는 기획을 말한다. 한글초성이 단순하다는 특성 때문에 시각적인 효과와 궁금증을 유발하는 언어유희로 활용하고 있다. 대표적으로 18대 대선 후보 [ㅂㄱㅎ] 이모티콘과 신세계 SSG의 [ㅅㅅㄱ-쓱] 컨셉, MBC의 [ㅇㅃㅅㄱ] 컨셉 등이 있다.

사례

01. **【ㅂㄱㅎ 이모티콘】** | ㅊㅊ | ㅁㅅㄱㄴ | ㅇㅃㅅㄱ | ㅇㅈ? ㅇㅇㅈ | ㅇㄱㄹㅇ ㅂㅂㅂㄱ | ㅇㅎㅅㅁㄱㄱㄱ |

★ 사례모음: 한글초성 은어

01 네 이 밍

한글초성 이미지화

ㅂㄱㅎ 이모티콘

[ㅂㄱㅎ

\+ 스마일 캐릭터

\+ 카카오톡 아이콘

= ㅂㄱㅎ 이모티콘]

【ㅂㄱㅎ 이모티콘】 컨셉은 사람 이름의 초성 3자와 이모티콘이라는 이미지를 합성한 컨셉이다. 이모티콘은 '감정'을 뜻하는 'emotion'과 '기호'를 뜻하는 'icon'이 합쳐진 것으로, 문자를 이미지화한 일종의 '그림말'이다.

ㅂㄱㅎ 이모티콘

〈2012.12. 박근혜 대통령 후보의 이모티콘(emoticon; 그림말)와 PI〉

[ㅂㄱㅎ 이모티콘(emoticon)]은 2012년 12월 대통령 선거에서 사용된 한글초성 이미지화 컨셉의 대표적인 사례이다. 이 이모니콘은 [박근혜의 초성 3개]와 [스마일(웃음) 캐릭터], 그리고 [카카오톡의 아이콘]을 합한 결과물(PI; President Identity) 중 하나이다.

이 PI의 특징은 대한민국 정당 역사상 최초로 메인컬러를 빨강색으로 변경(한나라당의 하늘색 → 새누리당의 빨강색)했다는 점이다. 우리나라 정치 역사에서 빨강색은 거부감이 강한 색채이지만, ①2002 월드컵 붉은악마의 일치된 단결과 애국의 상징 이미지로 바꾼 선례가 있고, ②2012년 대통령 선거기간이 12월 크리스마스(산타클로스 복장 등)의 축제 메인 칼라라는 점, ③최초의 여성 대통령 후보라는 점, ④새로운 시대의 새 정치에 대한 국민의 염원을 색상의 변화로 기대심리를 이끌었다는 점에서 시기적절했다. 여기에 ⑤한글초성 이모티콘의 해학적인 모습이 후보자의 친서민적인 이미지메이킹에 역할을 한 것으로 평가된다.

01 단순컨셉

한글초성 이미지화

① 관련어 검색을 통한 [한글 초성] 컨셉 사례 조사하고 메모하기

② 핵심어 상상과 선택 후 한글 초성으로 네이밍

ㅊㅊ 컨셉

추천, 촉촉, 칙칙, 착착, 춉춉 뷰티 이벤트 〈아리따움〉

ㅁㅅㅋㄴ 컨셉

멕시카나 〈멕시카나〉

ㅇㅃㅅㄱ 컨셉

오빠생각 〈MBC〉

ㅇㅈ?ㅇㅇㅈ 컨셉

인정? 어, 인정 〈징코푸드〉

ㅇㄱㄹㅇ ㅂㅂㅂㄱ 컨셉

이거레알 반박불가 〈먹어보면 진짜 반박할 수 없다 - 징코푸드〉

ㅇㅎㅅㅁㄱㄱㄱ 컨셉

월화수목금금금 〈전남대 DDL 구호〉

사례 모음

한글초성 은어

응 → ㅇㅇ

죄송 → ㅈㅅ

감사감사 → ㄱㅅㄱㅅ

오케이(OK) → ㅇㅋ

고고(Go Go) → ㄱㄱ

노노(No No) → ㄴㄴ

바이바이 → ㅂㅂ

인정? → ㅇㅈ?

레알 → ㄹㅇ

지금 어디? → ㅈㄱㅇㄷ?

사랑해 → ㅅㄹㅎ

빨리와 → ㅃㄹㅇ

가는중 → ㄱㄴㅈ

후덜덜 → ㅎㄷㄷ

하하하하 → ㅎㅎㅎㅎ

크크크크 → ㅋㅋㅋㅋ

펜은 칼보다 강하다!
펜보다 연필이 더 강하다!
지우개라는 겸손이 있으니까!

B

이니셜 이미지화 컨셉

이니셜 이미지화 컨셉은 기존의 브랜드명이나 인명, 핵심어 등의 영단어를 이니셜로 단순화하고 이를 다시 로고타입 등으로 이미지화하는 기획을 말한다. 대표적으로 2008년 미국 대선 후보 [Obama O] 로고타입 컨셉은 희망을 주는 이미지로 SNS의 바람을 타고 큰 홍보효과를 거두었다.

※ 로고타입(Logotype)은 최소한의 가독성을 갖고 읽을 수 있도록 디자인된 문자를 말한다.

사례

01. **【Obama O 로고타입】** | O(원) 컨셉 이미지화 |

※ 원 컨셉 기획 및 이미지스토리텔링 사례 | 언어유희 CM의 3Source-3Story 컨셉 기획법 |

01 네 이 밍

이니셜 이미지화

O(Obama) 로고타입

[Obama

+ 하단 성조기(미국 땅)

+ 중앙 떠오르는

태양(희망)

+ 원 테두리(화합)

= O]

【Obama O 로고타입】 컨셉은 Obama 첫머리의 대문자 'O' 자를 시각적으로 이미지화한 디자인이다. 알파벳 'O'자의 심플함과 동그란 형태의 화합 이미지를 자신에게 어울리는 스토리텔링을 통해 차별화한 사례이다.

O (Obama) 로고타입

〈2008 오바마 대통령 후보의 로고타입(Logo type)〉

2008년 미국 대통령 후보 오바마를 상징하는 'O' 자 형태의 로고타입(Logo type)은 이니셜 컨셉의 대표적인 성공사례로 꼽힌다. 이 로고타입은 ①오바마의 이니셜 'O' 자와 ②그곳에서 '떠오르는 태양(희망)'이 연결되어 있는 형상이다. 그리고 원의 하단에 ③미국의 상징 '성조기(미국 땅)'를 절묘하게, 또 심플하게 합성하였다. ④이 3가지를 하나의 원에 담고 외곽에 테두리를 강조한 것은 오늘날 미국이 흑과 백, 빈익빈부익부로 분열된 미국을 하나로 통합하겠다는 화합의 상징적 표현이다. 당시 선거캠프는 링컨 대통령과 오바마의 외모를 비교하는 이미지 마케팅을 병행하였다.

그리고 로고의 외곽은 미국 민주당의 메인컬러인 파랑색 배경에 ⑤'Obama 08' 문자로 다시 한 번 'O' 자를 연결하고 강조하였다.

한편, 당시 경쟁자였던 존매케인 후보는 특별한 로고나 이미지가 없었다. 홍보 이미지는 상대적이고 시대적인 영향을 많이 받는다.

결과적으로 이 로고타입은 미국의 재긴과 새로운 정치를 열망하는 미국인들에게 희망을 주어, 마침내 미국 최초의 흑인 대통령 탄생에 일조하였다.

01
네 이 밍

O(원)컨셉 이미지화

① 알파벳 'O'자나 한글초성 'ㅇ'자로 시작한 심벌로고 조사하기

② 우측과 같이 이미지화 스케치해보기

③ 'O'자 이외의 다른 문자 이미지화 검색 및 스케치

O(원) 컨셉

Orion 오리온

우리은행

청정원 ㅇㅇㅇ

GOOgle

DYNAMIC KOREA

원 컨셉 기획 01
Finding

2012 여수세계박람회 영상콘텐츠 공모전 '금상' 수상작품 〈엑스포상사병〉의
이미지 컨셉 기획 1. Finding

원 컨셉 기획 02 Comparing

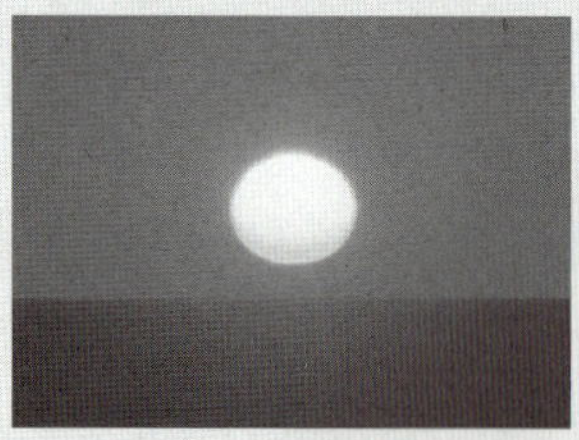
원(해)

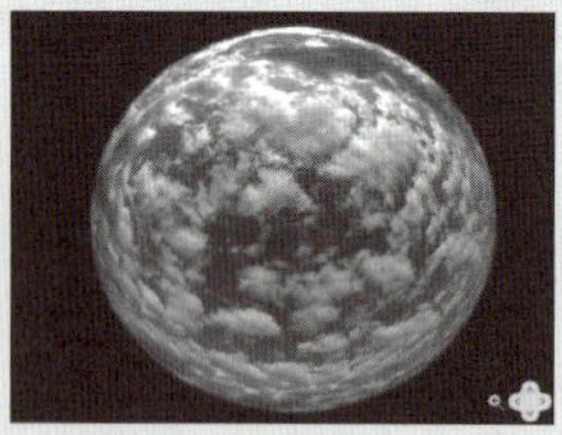
원(지구)

원(달)

원(계란)

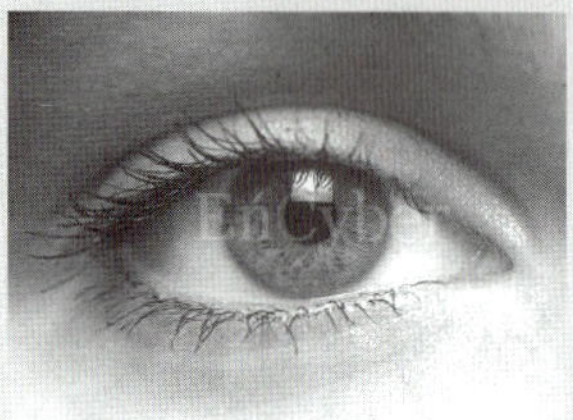
원(눈)

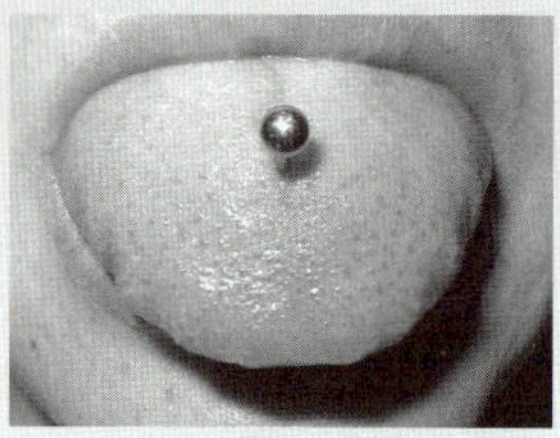
원(악세사리)

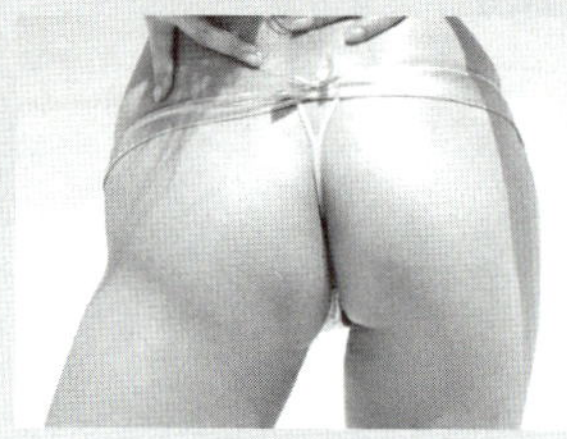
원(엉덩이)

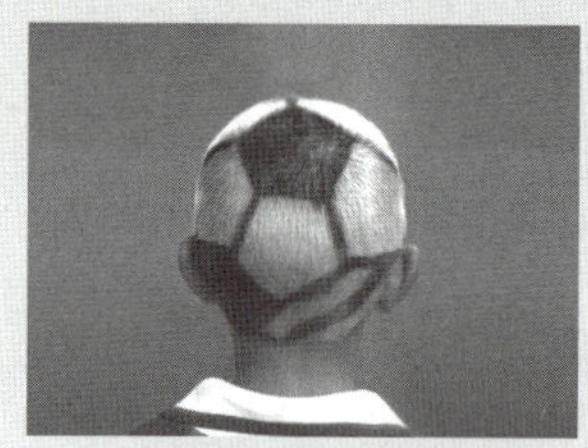
원(깍은 머리)

원(해바라기)

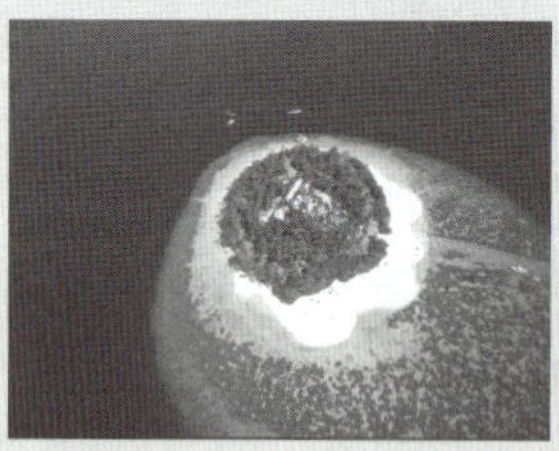
원(섬)

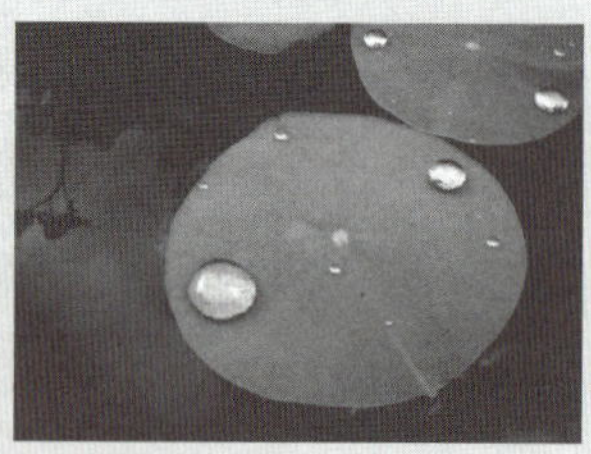
원(연잎)

원(물방울)

원(무당벌레)

원(달팽이)

원(소라)

원(버섯)

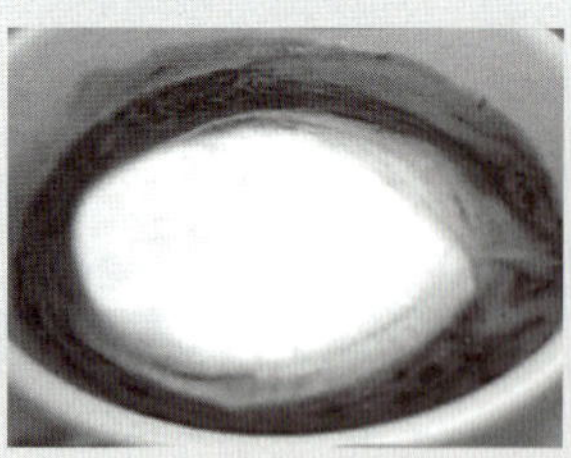
원(커피)

원(전구)

원(신호등)

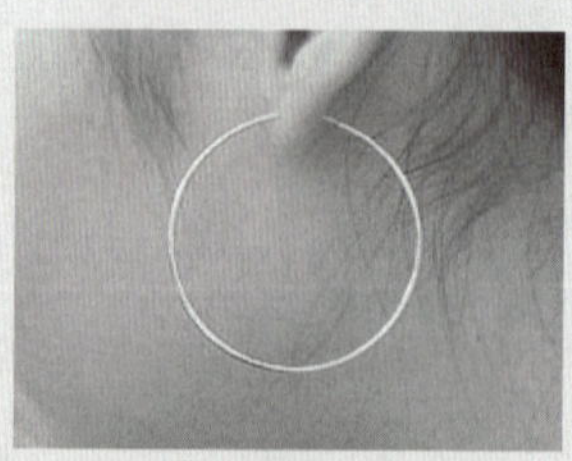
원(귀걸이)

2012 여수세계박람회 영상콘텐츠 공모전 '금상' 수상작품 〈엑스포상사병〉의
이미지 컨셉 기획 2. Comparing

원 컨셉 기획 03 Choosing

태양 + 엑스포

해바라기 + 엑스포

계란 + 엑스포

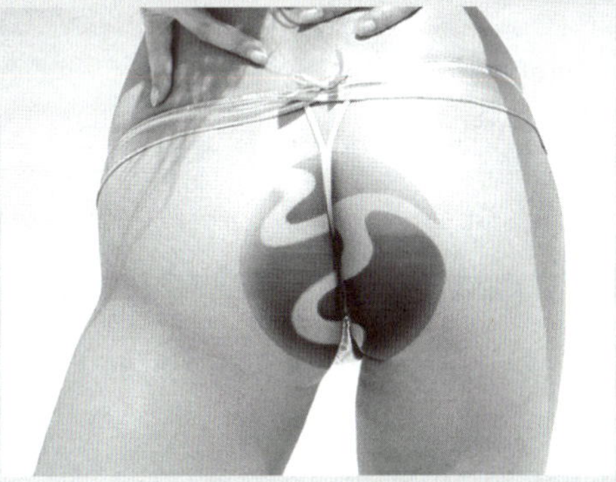

엉덩이 + 엑스포

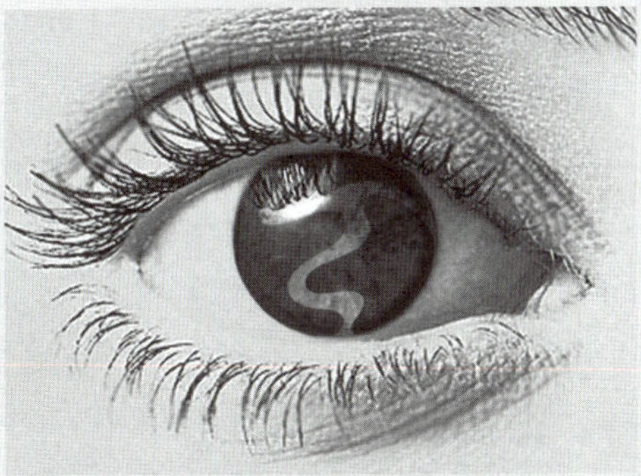

눈 + 엑스포

머리 + 엑스포

2012 여수세계박람회 영상콘텐츠 공모전 '금상' 수상작품 〈엑스포상사병〉의
이미지 컨셉 기획 3. Choosing

원 컨셉 이미지 **스토리텔링**

기승
전결
Scene

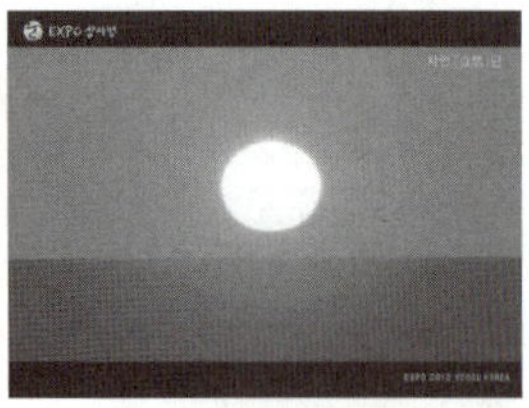

"태양이.. EXPO로 보입니다"

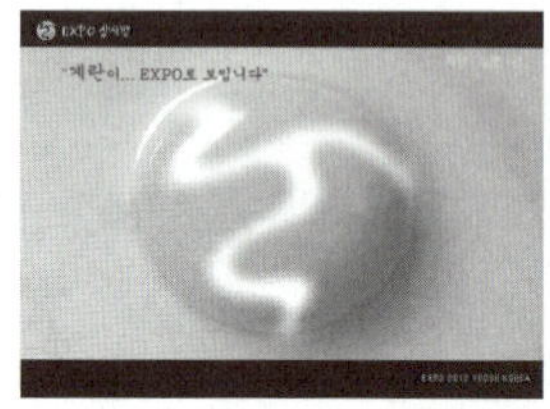

"계란이.. EXPO로 보입니다"

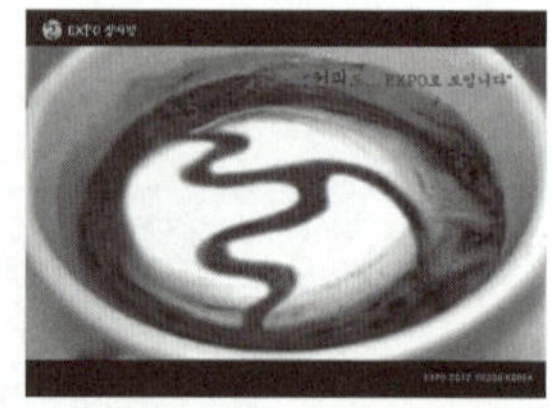

"커피도.. EXPO로 보입니다"

아침 **기** 일출(공감대) ——————————> 아침 식사(계란, 모닝커피)

"해바라기가 EXPO로 보입니다"

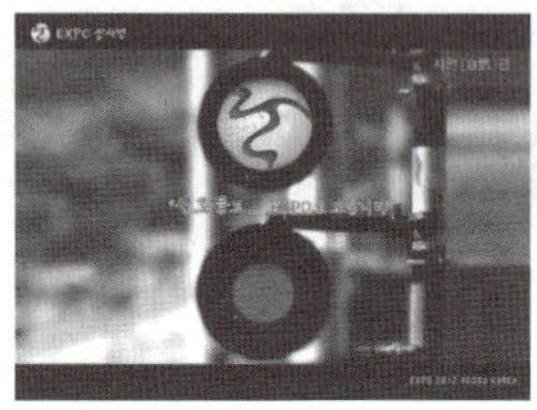

"신호등도.. EXPO로 보입니다"

"전구빛도.. EXPO로 보입니다"

"여수의 달마저.. EXPO로 보입니다"

승 출근길 ——————————> 퇴근길 저녁

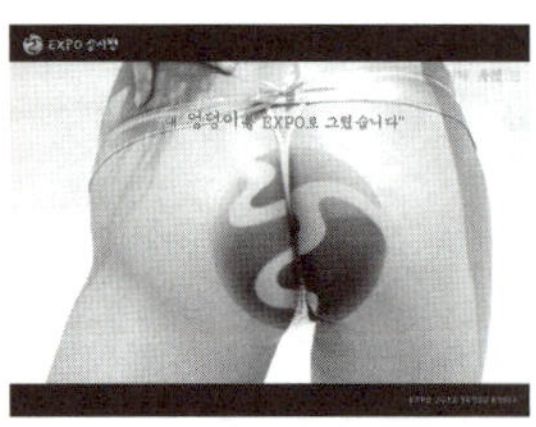

"내 엉덩이를 EXPO로 그렸습니다"

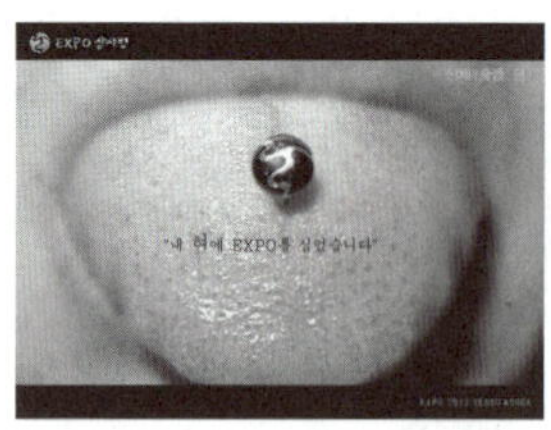

"내 혀에 EXPO를 심었습니다"

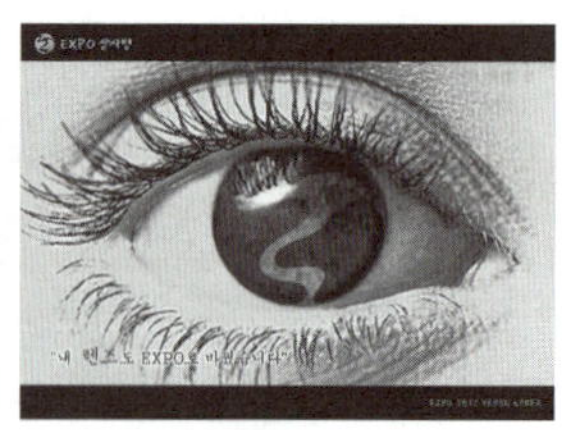

"내 렌즈도 EXPO로 바꿨습니다"

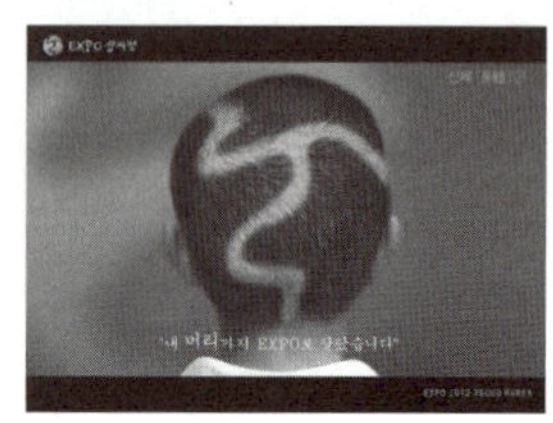

"내 머리까지 EXPO로 바꿨습니다"

일탈 **전** 몸 ——————————> **결** 머리 "상사병"

Sub
Scene
(Closing)

"나는 여수EXPO에 미쳤습니다"

정리 클로징

Sub Scene
(Opening)

EXPO "상사병"

오프닝 타이틀

2012 여수세계박람회 영상콘텐츠 공모전 '금상' 수상작품 〈엑스포상사병〉의
이미지스토리텔링

언어유희 CM의 3Source-3Story 컨셉 기획법

3Source-3Story 컨셉 기획법

'3Source-3Story 컨셉 기획법'은 동영상 3가지 소스(이미지 Source, 텍스트 Source, 사운드 Source) 중 하나를 뒤지고, 비교하고, 선택(Finding→Comparing→Choosing)하는 것을 시작으로 3스토리(이미지 Story, 텍스트 Story, 사운드 Story)까지 조화롭게 연결하는 종합 컨셉 전략이다.

C

한글변환 이미지화 컨셉

한글변환 이미지화 컨셉은 한글초성이나 영어 알파벳 등의 문자를 한글로 변환하고, 이를 이미지화하는 컨셉이다. 대표적인 사례로 SSG의 [쓱] 컨셉의 광고가 있다. SSG가 [ㅅㅅㄱ]에서 [쓱]이 되고, 다시 [싼거], [선수군], [세시간], [술생각] 등으로 파생된다. 이 컨셉은 문자에 대한 상상력과 시각성이 더해져 각종 CM 광고 영상제에서 우수한 수상실적을 거두었다.

사례

01. 초성 한글변환 네이밍 | 한글 한글변환 네이밍 | 알파벳 한글변환 네이밍 | 이니셜 한글변환 네이밍 |

02. 초성 한글변환 카피 | 한글 한글변환 카피 | 알파벳 한글변환 카피 | 이니셜 한글변환 카피 |

03. 알파벳→초성→한글변환 스토리텔링 | **【SSG→ㅅㅅㄱ→쓱】 + S 분석** |

03. 초성 한글변환 이미지화 | 한글 한글변환 이미지화 | 알파벳 한글변환 이미지화 | 이니셜 한글변환 이미지화 |

01 네이밍

한글변환 (네이밍)

① 우측의 컨셉 사례 응용 및 상상을 통한 네이밍

② 광고 사이트 검색을 통한 새로운 네이밍 컨셉 찾기

초성 한글변환 네이밍 컨셉

ㅁㅅㅋㄴ	–	뭐시키냐	→	마시쿠나	→	멕시카나	〈멕시카나〉
브랜드 초성		한글 대입 1		한글 대입 2		한글 대입 3(브랜드)	

한글 한글변환 네이밍 컨셉

욱	→	농	〈농협카드〉
한글 1자	(회전)	한글 변환 (네이밍)	

알파벳 한글변환 네이밍 컨셉

LTE	→	눝	〈SKT LTE〉
알파벳	(세로 조합)	한글 변환 (네이밍)	

NH	→	새	〈NH농협금융〉
알파벳 2자	(결합)	한글 변환 1자(네이밍)	

이니셜 한글변환 네이밍 컨셉

Speed Simple OK!	–	SSOK	→	쏙쏙!	〈유진투자증권〉
영단어		이니셜 추출		한글 변환 (네이밍)	

02 카피라이팅

한글변환 (카피)

① 우측의 카피 컨셉 사례 응용 및 상상을 통한 카피라이팅

② 광고 사이트와 유튜브 검색을 통한 카피 컨셉 찾기와 카피라이팅

초성 한글변환 카피 컨셉

치킨은 네글자 ㅁㅅㅋㄴ 뭐시키냐 마시쿠나 멕시카나 〈맥시카나 치킨〉

한글 한글변환 카피 컨셉

살다보면 급해서 욱 탐나서 욱 들떠서 욱 욱을 다스려야 잘산다 농협카드

〈NH농협카드〉

알파벳 한글변환 카피 컨셉

LTE를 새로 보면 눝 LTE 무한능력 눝눝 눝눝눝 〈SK텔레콤〉

NH롭게 새롭게 투자가 새로워지면 NH투자증권 〈NH농협금융〉

이니셜 한글변환 카피 컨셉

유진이니까 더 빠르고 더 편하게 쑥쑥을 만든거야 쑥쑥쑥 유진 쑥쑥

〈유진투자증권〉

03 스토리텔링

한글변환 (스토리텔링)

① 우측의 스토리 컨셉 사례 분석 및 응용을 통한 스토리텔링

② 광고 사이트와 유튜브 검색을 통한 스토리텔링

알파벳→초성→한글변환 스토리텔링 컨셉

영어 좀 하죠? 이거(SSG) 읽어봐요

쓱 ㅅㅅㄱ SSG

잘하네

SSG.COM

생일인데

뭐 하나 골라봐요

나 이거 사고 싶은데

이것도 갖고 싶고

이것도

어떤 거 살까요?

싼거 ㅅㅅㄱ SSG

생일 선물도 싸게~

한 번에 쓱~

SSG.COM

아 추워!

코트 하나 쓱~ **해야겠어요**

하는 김에 김치도 쓱~ **해요**

맘에 쓱~ **들어**

백화점에서 이마트까지

한 번에 쓱~

SSG.COM

비 오는데 무슨 생각해요?

연기 생각?

내 생각?

술생각 ㅅㅅㄱ SSG

술안주로 좋은 피코크를

한 번에 쓱~

SSG.COM

이거 어때요?

나한테 어울려요?

사신거 살생각

사셨군 선수군

선수군 ㅅㅅㄱ SSG

사고 싶은 모든 것들

앱 하나로 쓱~

SSG.COM

03

단순컨셉

한글변환 이미지화

SSG → ㅅㅅㄱ → 쓱

【SSG→ㅅㅅㄱ→ 쓱】 컨셉은 영어 이니셜 SSG를 한글초성 ㅅㅅㄱ으로 바꾼 다음, 이와 유사한 한글 '쓱'을 만든 후, 이 모두를 이미지화하는 이미지스토리텔링을 통해 CM으로 완성한 시각적 언어유희의 사례이다.

신세계 SSG → ㅅㅅㄱ → 쓱 〈신세계 ssg.com〉

SSG닷컴은 '신세계'의 영문 약자인 'SSG'를 한글 초성 'ㅅㅅㄱ'로 변환하고, 이를 다시 '쓱'으로 읽는 언어유희 광고 총 6편을 통해 광고계의 '쓱 신드롬' 현상을 불러일으켰다.

① SSG → ㅅㅅㄱ → 쓱

② SSG → ㅅㅅㄱ → 선수군

③ SSG → ㅅㅅㄱ → 세시간

④ SSG → ㅅㅅㄱ → 상실감

⑤ SSG → ㅅㅅㄱ → 술생각

⑥ SSG → ㅅㅅㄱ → 싼거

SSG닷컴으로 주문하면 상품이 '쓱'하고 일찍 배송된다는 의미의 '쓱' 광고는 영상이 출시된 지 3개월째 유튜브 조회수 250만 건을 돌파하는 기록을 세웠다. 2016년 SSG모바일 매출이 전년 대비 50% 이상이 증가하고 전체 매출 30% 이상 증가하였다.

또 2017 서울영상광고제에서 대상(그랑프리) 수상, 한국광고주협회 선정 '국민이 선택한 좋은 광고상', TV부문 문화체육관광부 장관상(2016) 등을 수상하였다.

[SSG → ㅅㅅㄱ → 쓱] 이미지스토리텔링 분석

구 분	V/A	카피 + 이미지
기 영어 질문 ↓	video	유명인 모델 등장 ——→  
	audio	영어 좀 하죠? / 이거 읽어봐요
승 SSG = 쓱 ↓	video	SSG 소리내어 읽기 
	audio	쓱
전 쓱 = ㅅㅅㄱ SSG ↓	video	쓱의 다양성 뜻 ——→   
	audio	쓱 / ㅅ ㅅ ㄱ / S S G
결 브랜드 강조 ↓	video	신세계닷컴 강조 —> 
	audio	SSG.COM
기 물건 주문 ↓	video	쓱으로 코트 구매 ——→   
	audio	아 추워 / 코트 하나 / 쓱 해야겠어요
승 쓱 간편 쇼핑 ↓	video	쓱으로 김치도 구매 ——→   
	audio	하는 김에 / 김치도 쓱 해요 / 맘에 쓱 들어
전 쓱 = ㅅㅅㄱ SSG 반복 ↓	video	쓱의 다양한 뜻 ——→   
	audio	쓱 / ㅅ ㅅ ㄱ / S S G
결 브랜드 장점 강조	video	신세계닷컴 강조 ——→ 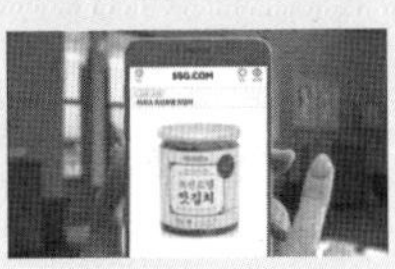 
	audio	백화점에서 이마트까지 한번에 쓱 / SSG.COM

03
스토리텔링

한글변환 이미지화

① 우측의 스토리 컨셉 사례 분석 및 응용을 통한 이미지화

② 광고 사이트 검색을 통한 이미지화 컨셉 찾기 및 이미지스토리텔링

초성 한글변환 이미지화 컨셉

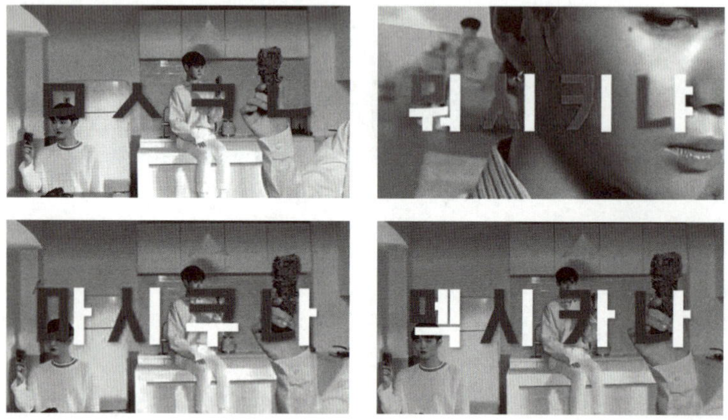

ㅁㅅㅋㄴ → 뭐시키냐 → 마시쿠나 → 멕시카나 〈멕시카나〉

브랜드 초성 → 한글 변환1 → 한글 변환2 → 한글 변환3(브랜드)

한글 한글변환 이미지화 컨셉

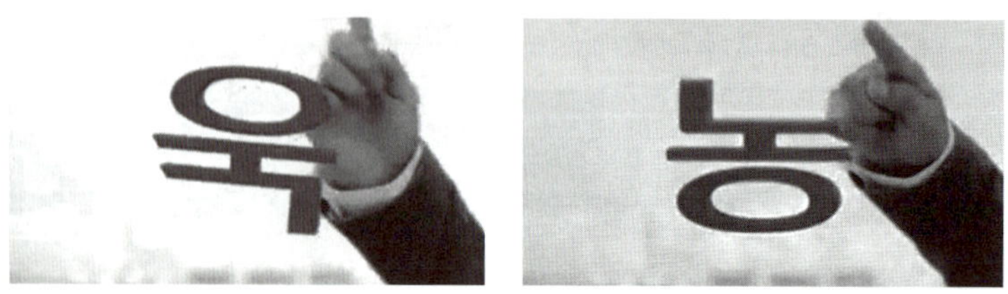

욱 → 농 〈농협카드〉

한글 1자 → (회전) → 한글 변환(네이밍) → 이미지화

03
단순컨셉

한글변환 이미지화

① 우측의 스토리 컨셉 사례 분석 및 응용을 통한 이미지화

② 광고 사이트와 유튜브 검색을 통한 이미지화 컨셉 찾기 및 이미지스토리텔링

알파벳 한글변환 이미지화 컨셉

LTE (가로) → 높 (세로) 〈SKT LTE〉

알파벳 → (세로 조합) 한글 변환 → 이미지화

NH (2자) → 새 (1자) 〈NH농협금융〉

알파벳 2자 → (결합) → 한글 변환(네이밍) → 이미지화

이니셜 한글변환 이미지화 컨셉

Speed Simple OK! → SSOK → 쏙쏙! 〈유진투자증권〉

영단어 → 이니셜 추출 → 한글 변환 → 이미지화

부록

한 줄 카피
우수사례 모음

1. 은유법
2. 대조법
3. 대구법

1. 은유법

A는(은) B(이다/입니다) 컨셉

초코파이는 情 〈오리온〉

소녀는 입술光 〈에뛰드〉

노사는 무촌 〈공익광고협의회〉

소금은 바다의 눈물

나는 인꽃이다

쌀 한 톨은 어머니의 땀방울이다

질서는 우리 모두의 인격입니다 〈공익광고협의회〉

김치는 한국의 친절입니다 〈공익광고협의회〉

우리는 누군가의 박카스다 〈동아제약〉

히터는 피부에게 사하라 사막이다 〈노드메이슨 헉슬리〉

그녀의 무기는 피부다

우리 모두의 목적지는 행복입니다 〈대한항공〉

멋의 차이는 코디네이션의 차이 〈헌트〉

갑질은 저급이다

패션은 도전이다 〈페페〉

사랑은 동사다 〈대한적십자사〉

6월은 肉월이다 〈이마트〉

청춘은 깡이다 (새우깡) 〈농심 새우깡〉

비비안은 품질입니다 〈비비안〉

창의력은 씽크빅 〈웅진씽크빅〉

운전은 인격! 〈SBS 캠페인〉

거품은 맥주의 꽃 〈OB맥주〉

바람은 나의 우편배달부 〈일본 고단사〉

자연은 풀무원 식품의 스승입니다 〈풀무원〉

욕실은 상상공작소

사랑은 가시 하나를 가슴 깊이 품는 것 〈블랙로즈〉

60대의 변신은 무죄

커피의 명작(은) 맥심 〈동서식품〉

당신의 경제수석은 동양종금 〈동양종금〉

엄마의 가슴은 아기의 놀이터 〈앙떼떼〉

KTF적인 생각은 1분이다 〈KTF〉

좋은 집은 평생보약 〈대동주택 황토방〉

불가능의 반대말은 2010년입니다 〈SK그룹〉

사람을 키우는 것은 미래를 약속하는 것 〈두산〉

여자에게 패션은 원초적 본능 〈그레이스백화점〉

최상의 서비스는 약속이다

시간이 흘러도 위대한 생각은 녹슬지 않습니다 〈POSCO〉

시속 200km는 설레임의 속도이다

A가(이) B(이다/입니다) 컨셉

신뢰가 금융이다 〈대신증권〉

문화가 경쟁력이다

수출 1위가 품질 1위입니다 〈삼보컴퓨터〉

바람이 예술이다 〈LG휘센〉

생각이 에너지다 〈SK에너지〉

국민이 대통령입니다 〈노무현 16대 대선 TV정치광고〉

당신의 마음이 햇살

색깔지수가 지능지수 〈꼼바이꼼〉

두뇌가 우리의 자원 〈큐닉스 컴퓨터〉

진심이 짓습니다 〈대림 e 편한세상〉

지금 흘리는 땀이 10년 후 나의 명함이 됩니다 〈공익광고협의회〉

A는 OO 아니라 OO이다 컨셉

침대는 가구가 아니라 과학입니다 〈에이스침대〉

물건은 파는 것이 아니라 믿음을 파는 것이다

청춘은 어느 한 시기가 아니라 마음가짐이다

인생은 재방송이 아니라 생방송이다

A는 OO A는 OO... 컨셉

보험은 아내입니다 보험은 남편입니다 〈삼성생명〉

나무, 그것은 산에 사는 다목적 댐 나무, 그것은 숨 쉬는 산소호흡기 〈유한킴벌리〉

숲은 건강이다 숲은 사색이다 숲은 포옹이다

자동차는 로망이다 자동차는 친구다 자동차는 집이다

A는 OO B는 OO .... 컨셉

여름은 여자의 무대 태양은 여자의 조명 〈신세계 백화점〉

자외선은 심술쟁이 피부는 변덕쟁이 〈엑시트〉

부담은 초승달 혜택은 보름달 〈포시즌 콘도미니엄〉

느림은 여유의 발견 여유는 비움의 미학

몸은 묘목 생각은 거목

60은 소년이다 70은 청년이다 80은 중년이다 〈삼성생명〉

여자는 화장발 남자는 말발 라면은 면발 〈오뚜기〉

B의 A 컨셉

신의 한手 〈미래보험교육원〉

간장의 안전벨트 〈리카바〉

정신의 영양실조

한 방울의 애무 〈칼리〉

모발의 혁명 〈밀란〉

쌍방울의 땀방울 〈쌍방울〉

열여덟 살의 상큼법칙 〈레모나〉

욕망의 사이즈

1회용 밴드의 전문의 〈밴드 닥터〉

꿈꾸는 자의 특권 〈SKT〉

꿈의 높이 8848m 〈다른〉

그리움의 속도 15km/h

8월의 크리스마스 〈영화〉

같이의 가치 〈NH 농협〉

바지 속의 정장 〈보디가드〉

속옷의 베스트 드레서 〈르페〉

뇌 1.4 킬로그램의 사용법 〈21세기북스〉

여자의 절정은 백색 〈라피네〉

(헌혈을 위한) 1초의 찡그림 〈공익광고협의회〉

마음의 주름살(을 펴자)

초록의 건강이 한 잔에!

새우의 자존심(을 세우다) 〈버거킹〉

B 같은(처럼) A 컨셉

산소 같은 여자 〈마몽드〉

입술 같은 초콜렛

칫솔 같은 껌 〈워시〉

애인 같은 아파트

'모(毛)'처럼 좋은 가격할인

죽이 잘 맞아 죽처럼 끓는 연애감정

샹송처럼 번지는 감성

공감할 것 같은 감 〈지식공감〉

B한 A 컨셉

날씬한 기분 〈현대약품〉

싱싱한 은행(銀行) 〈수협〉

도도한 머릿결

Go독한 사자들

건강한 프러포즈 〈청정원〉

깐깐한 정수기 웅진코웨이 〈코웨이〉

똑똑한 합리주의

싱싱한 나이

가격에 감각을 더한 구두 〈미스 미스터〉

잃어버린 [대화]에 대한 묵념 〈공익광고협의회〉

바르는 피부보약 〈비취가인〉

달리는 민간 외교관 〈현대자동차〉

늘 설레이는 피부 〈쥬비스〉

돈 먹는 집 〈00돼지고기집〉

입는 이탈리아 〈브렌따노〉

괴로운 군살

나라를 세우는 우유 〈건국우유〉

옹고집 있는 두부

소리가 있는 패션 〈마르조〉

21세기를 만드는 한 표 〈공익광고협의회〉

입술이 섹시해지는 댄스 〈라끄베르〉

눈으로 마시는 와인

피부를 적시는 향기 〈마스터즈〉

NO가 많아 인기 좋은 껌 〈노노〉

T나게 달라진 티빙 〈티빙〉

내 몸이 마시는 미네랄 〈동원〉

맛있는 눈이 내립니다 〈백설〉

철(Fe)없던 네가 철들었구나 〈대웅제약〉

악성댓글, 당신의 영혼과 대한민국을 갉아먹는 흉기입니다 〈공익광고협의회〉

A의 OO A의 OO .... 컨셉

한잔의 나눔, 한끼의 행복 〈커핀그루나루〉

4DH 4배의 감동 4배의 기쁨 4배의 가치

한 잔의 술을 마시며 한편의 시를 짓는다

옷차림의 감각 옷차림의 전략 옷차림의 도전

OO Y OO Y .... 컨셉

풍미의 끝 선별의 끝 식감의 끝 가격의 끝 〈신세계 이마트 삼겹살〉

모르는 척 놀란 척 아는 척 처음인 척

입는 멋 보는 멋 듣는 멋

면도 통통 속도 통통 맛도 통통

말꾼 대통령 놀이꾼 대통령 일꾼 대통령

OO한 A OO한 A .... 컨셉

지성 있는 삶 감성 있는 삶

돋친 상상력 피어나는 상상력 〈한성대학교〉

기 죽이는 학습법 기 살리는 학습법

키스를 부르는 머릿결 키스하고 싶은 머릿결 〈더블리치 샴푸〉

트위스트 치는 입 블루스 치는 입

눈치보는 노후 큰소리 치는 노후 〈신한은행〉

적색 맛있는 초대 초록색 맛깔스런 초대

OO한 A OO한 B 컨셉

먹는 화장품? 약 같은 식품? 〈굴수협〉

오래가는 손맛 오래가는 매력

나의 자존감을 세우는 센스 남의 자존심을 키우는 센스

대를 물려입는 진도모피 대를 물려받는 품질보증 〈진도모피〉

A가 α 컨셉

소리가 말한다

고양이가 컬러를 입다

속살이 씹힌다 〈롯데칠성〉

사투리가 구수하다

소문 한번 맵네 〈순창〉

냄새가 춤춘다

입안이 콩닥콩닥

A OO주세요 B OO주세요 C OO주세요 컨셉

후두암 1mg 주세요 폐암 하나 주세요 뇌졸증 2갑 주세요 〈보건복지부 금연캠페인〉

실수 한 잔 주세요 폭언 두 잔 주세요 난폭 세 잔 주세요

미움 버려주세요 욕심 비워주세요 이기심 던져주세요

2. 대조법

A까(가)? ↔ B까(가)? 컨셉

암보장 하나라도 받을 수 있을까? 없을까? 〈AIA생명 평생보장암보험〉

달릴까? 말까? 망설이기엔 햇살이 너무도 좋다 〈미투데이〉

창문 열까? 말까? 빨래 널까? 말까? 코웨이가 청정으로 답합니다 〈웅진코웨이〉

정복당할 것인가? 정복할 것인가? 〈프로스펙스〉

이 음식, 독입니까? 약입니까?

Did you 했습니까? Didn't you 안 했습니까?

A는 짧고 ↔ B는 길다 컨셉

청춘은 짧고 노후는 길다 〈신한은행〉

인생은 짧고 일회용품은 길다 〈공익광고협의회〉

기다림은 길고 자유는 짧다

취업은 짧고 인생은 길다

고발은 짧고 고생은 길다 〈주간동아〉

작은 A ↔ 큰 B 컨셉

작은 버스라기보다는 큰 승용차입니다 〈현대자동차〉

큰 사이즈 작은 가격

작은 크기 큰 성능을 만드는 힘

작은 차 큰 기쁨이 달린다 〈티코〉

A 쉽다 ↔ B 어렵다 컨셉

쓰기는 쉽고 기록은 어렵다

말은 쉬우나 실천은 어렵다

모방은 쉽고 창작은 어렵다

사랑고백 어렵다 에너지 사랑 쉽다 〈에너지관리공단〉

A는 싫다 ↔ B은 좋다

컨셉

D라인은 싫다 S라인이 좋다

위험은 싫다 모험이 좋다 〈장수연/카피라이터가 되겠는 카피들〉

고칼로리는 싫고 단맛은 좋아요

피부의 자극은 싫어도 젊음의 자극은 좋다 〈라피네〉

O yes O ↔ O no O

컨셉

예스 하는 기업 노 하는 기업

YES도, NO도 소신 있게 〈동원증권〉

당당한 NO 비겁한 YES

S라인 예스 U라인 노

A는 없다 ↔ B는 있다

컨셉

있고 없고 있고 없고 기미만 없어도 정말 달라 보이죠 〈태극제약 도미나 크림〉

없다 있다 없다 있다 팔자주름 있고 없고가 얼굴 나이의 차이 〈다나한 RGII〉

기름은 없다 기술은 있다 〈S-OIL〉

센스도 없어요 센스 있게 살자 〈삼성센스〉

주름은 펼 수 있어도 나이는 되돌릴 수 없습니다

유통기한은 속일 수 있으나 맛은 속일 수 없다

자동차는 아무나 탈 수 있습니다 BMW는 아무나 탈 수 없습니다 〈BMW〉

A 빼는 OO ↔ B 찌는 OO

컨셉

살 빼려는 지방정부 살 찌우는 중앙정부

뱃살 빼고 찌는 다이어트 공식

찌는 것은 잠시만족 빼는 것은 긴긴고통

벗는 OO ↔ 입는 OO

컨셉

벗는 것보다 입는 것이 아름답다 〈라보라〉

잘 벗어야 잘 입는다 〈LG트롬 스타일러〉

귀여움을 벗고 섹시를 입다

촌티를 벗고 세련미를 입다

OO 울고 ↔ OO 웃고

컨셉

당신을 울리기도 하고 웃게도 했다는 것을 말이죠 〈애플 아이폰 6〉

취업자는 웃고 실직자는 운다

시청률에 울고 웃는다

A 올리고 ↔ B 내리고 **컨셉**

건강은 Up 비용은 Down

맛은 올리고 칼로리는 내리고 〈OB 카스〉

혜택은 up 부담은 down

상쾌지수 올리고 불쾌지수 내리고

못난 OO ↔ 잘난 OO **컨셉**

국내에서 가장 못난 신문 세계 언론사상 가장 잘난 신문

잘난 내의 잘난대로 입고 못난 내의 못났으면 벗지 〈제인스 딘〉

잘난 맛에 사는 사람들 못난 맛에 기죽은 사람들

OO 죽고 ↔ OO 산다 **컨셉**

자연을 죽이는 컵? 자연을 살리는 컵!

뭉치면 죽고 분리하면 삽니다 〈공익광고협의회〉

정치인은 여론에 죽고 여론에 산다

암, 투병하면 죽고 치병하면 산다 〈신갈렙/전나무숲〉

A을 판다 ↔ B을 산다 **컨셉**

가치를 판다 신뢰를 산다

진心을 판다, 안心을 산다 〈농협하나로마트〉

OO 말고 ↔ OO 하세요 **컨셉**

밟지 말고 밟으세요 올리지 말고 올리세요 〈공익광고협의회〉

강요하지 말고 따르게 하라

설득하지 말고 납득하게 하라 〈비즈페이퍼〉

스타일을 위해 편안함을 포기하지 마라! 한 번에 누려라! 〈비너스〉

낮 OO ↔ 밤 OO **컨셉**

낮에는 가려주고 밤에는 줄여주고 〈a-solution〉

낮에는 몸으로 일하고 밤에는 머리로 일한다 〈(주)트바스〉

낮에 장터 밤에 놀이터

빛 OO ↔ 어둠 OO 컨셉

빛 속에 숨은 컬러 어둠 속에 숨은 디테일까지 〈삼성 SUHD TV〉

해뜨기 전 빛보다 어둠이 강하다

빛이 얻는 것 어둠이 잃은 것

하늘 OO ↔ 땅 OO 컨셉

4D의 차이, 하늘과 땅 차이

보라! 누가 하늘이고 누가 땅인지 〈LG〉

하늘만큼 땅만큼 〈교보생명〉

시작 OO ↔ 끝 OO 컨셉

시작은 열정 끝은 냉정

끝이다 시작이다 당신은 어느 쪽을 믿습니까? 〈현대그룹 PR〉

나의 라이프 스타일 시작과 끝

안 OO ↔ 밖 OO 컨셉

안에서 답을 찾았는데 밖에서 문제를 못 풀 리 없고 〈SK hynix〉

안에선 말재주 밖에선 손재주

안은 부글부글 밖은 들썩들썩

나 OO ↔ 남 OO 컨셉

내가 하는 부탁이 남이 보면 청탁일 수 있습니다 〈공익광고협의회〉

나의 실수는 티눈 남의 실수는 들보

나는 사랑 남은 우정

난 되고 남은 안 되고

OO 남 ↔ OO 여 컨셉

꼬마신사 꼬마숙녀 〈해피아이〉

남자는 시각적 여자는 청각적

애인 같은 아내 연애인 같은 남편

엄마가 끌면 낮아지고 아빠가 끌면 높아지고 〈카펠라 유모차〉

3. 대구법

○○ 로 A ○○ 로 B 컨셉

억지로 1시간? 스스로 10분! 〈재능교육〉

기술로 높인 성능 기술로 낮춘 가격 〈삼성 알라딘〉

입으로 하는 주장 옷으로 하는 웅변

향기로 한 번 맛으로 두 번

A ○○ 고 B ○○ 고 컨셉

기능 높이고 성능 뛰어나고

주스는 마시고 알맹이는 터뜨리고 〈쌕쌕〉

맛도 좋고 가격도 좋고

얼굴살 빠지고 뱃살 홀쭉하고

피로도 풀고 스트레스도 날리고

사랑도 고프고 자유도 고프고

A ○○ 이지만 B ○○ 컨셉

버릴 땐 1초도 안 걸리지만 썩는 데는 100년도 더 걸리는 쓰레기가 있다 〈공익광고협의회〉

보여주고 싶지 않지만 알려주고 싶은 이야기 〈위스퍼〉

방심은 [빨리빨리]를 외치지만 안심은 [조심조심]을 외칩니다 〈공익광고협의회〉

목소리는 쉰소리지만 얼굴은 미소년이다

A가 ○○ 하면 B가 ○○ 이다 컨셉

쌀이 부족하다면 밀이 대신할 수 있습니다 〈공익광고협의회〉

장애의 벽을 넘으면 미래의 숨은 인재가 보입니다

가정의 폭력이 자라면 사회의 폭력이 됩니다

피부가 싱싱해지면 생활이 싱싱해져요 〈쥬비스〉

A면 ○○ B면 ○○ 컨셉

두면 고물 주면 보물 〈아름다운 가게〉

쥐면 욕심꾸러기 펴면 천사꾸러기
웃으면 행복바이러스 찡그리면 짜증바이러스
바꾸면 민주사회 안바꾸면 독재사회

A하면 OOO Y OOO Y 컨셉

살다보면 급해서 욱 탐나서 욱 들떠서 욱 〈NH농협카드〉
만지면 싱싱함이 탱탱 속살이 탱탱 식감도 탱탱
먹으면 뱃살이 쏙 체지방이 쏙 체중이 쏙

A OO 까(가)? B OO 까(가)? 컨셉

가을을 타십니까? 피로를 타십니까?
음식이라면 남기겠습니까? 돈이라면 남기겠습니까?
왜 피곤한데도 웃음만 나옵니까? 왜 지면 질수록 뿌듯해집니까? 〈동부화재〉
물은 깐깐한가? 얼음은 딴딴한가? 관리는 꼼꼼한가? 〈코웨이〉
코만 즐거운 방향제입니까? 몸도 즐거운 방향제입니까? 〈숲속여행〉

A는 OO 하고 B는 OO 합니다 컨셉

낮말은 폰으로 듣고 밤말은 PC로 듣는다 〈한국방송통신대학교〉
좋은 작품은 시간의 벽을 뛰어넘고 좋은 선물은 마음의 벽을 뛰어넘는다 〈비제바노〉
프로는 행동으로 하고 아마추어는 말로 한다
5%는 의사가 고치고 95%는 내 몸이 고친다 〈지식과감정#〉

A가 XOXO B가 XOXO 컨셉

시민이 시끌시끌 민심이 부글부글
온 가족이 덩실덩실! 온 동네가 들썩들썩! 〈삼성전자〉
새들이 재잘재잘 애들이 방긋방긋
국민이 국민과 방글방글 국민이 국민을 토닥토닥 〈KB국민금융그룹〉

A OO 라 B OO 라 C OO 라 컨셉

선제공격을 하라 모험을 하라 휴가를 가라 전력 질주를 하라 〈삼성전자〉
샀노라 벗겼노라 씹었노라 그리고 싸서 버렸노라 〈롯데껌〉
마음의 상처를 싸매라 마음의 찌꺼기를 없애라 마음의 문을 열어라

OO 라 XYXY OO 라 XYXY 컨셉

달려라 대한민국 굴려라 국민자산 〈KB금융그룹〉

놀아라 멋지게 튀어라 개성있게

job아라 취업기회 누려라 드림인생

꼼짝마라 무더위 물렀거라 열대야

A한 a B한 a C한 a 컨셉

이 나라는 정의로운 나라 평화로운 나라 일하기 좋은 나라

고향을 부르는 노래 그리움을 달래는 노래 희망을 손짓하는 노래

평화를 지켜낸 손 가난을 이겨낸 손 희망을 이어온 손 〈보건복지부〉

세상의 아침을 여는 나팔꽃 사랑의 씨앗을 나누는 민들레 〈SK 텔레콤〉

XYXY XYXY XYXY XYXY 컨셉

독자앞엔 등불처럼 세상앞엔 거울처럼 〈신문의날 표어 공모전 수상작〉

미리해요 재난예방 지금해요 안전점검 〈재난대응 안전한국 표어 수상작〉

우리아이 무단횡단 평상시의 나의습관 〈일산경찰서 교통안전 표어 공모전 수상작〉

눈딱감고 논문표절 눈떠보니 안절부절 〈카이스트 논문표절 표어 공모전 수상작〉

우리모두 지키세요 과속하면 인생과속

펜은 칼보다 강하다!
펜보다 연필이 더 강하다!
지우개라는 겸손이 있으니까!